区块链是新一代价值互联网,从赋能到赋权,正掀起一场新财富革命。

—— 李光斗

李光斗与联合国第八任秘书长、博鳌亚洲论坛理事长潘基文共同出席"一带一路 智链万物"首届全球新技术产业论坛

李光斗与以太坊创始人V神（维塔利克·布特林 Vitalik Buterin）

区块链财富革命

Blockchain Wealth Revolution
未来世界的掘金机会　分布式商业思维与应用

李光斗 ◎ 著

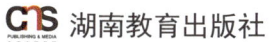
湖南教育出版社

前言

中本聪于2008年给世人带来了一个神秘礼物——比特币，出生在虚拟世界里的比特币刚开始很便宜，2010年5月一万个比特币只能换两个比萨。如今，比特币的价格已今非昔比，到了2018年8月，比特币当年累计的结算量就已超过了同期整个黄金市场场外交易量。比特币以其独特的魅力向世人展示了一种不需要中介就可以实现价值传递的可能性，而这种可能性就是区块链。

区块链是比特币的一项关键底层技术，通俗些说，它就像是一个数据库账本，安全记录所有的比特币交易信息，且不可篡改和删除。区块链是不同的节点共同参与的分布式数据库，是一个开放式的公共账簿。达沃斯论坛创始人克劳斯·施瓦布说："自蒸汽机、电和计算机发明以来，人们又迎来了第四次工业革命——数字革命，而区块链技术就是第四次工业革命的成果。"

区块链技术成为继互联网、无线通信、云计算、大数据之后计算和网络技术的又一颠覆式创新,正在引起一场新的技术变革和产业变革。

互联网领域最知名的"预言家"凯文·凯利在《失控:全人类的最终命运和结局》中指出,从控制到失控,从边缘到中心,从他治到自治,未来世界的发展趋势是去中心化的。亚当·斯密的"看不见的手"就是对市场去中心化本质的一个最佳概括。去中心化会推动分布式商业和共享经济的发展,从而构建一个自律型社会,颠覆某些传统行业。

"数字经济之父"——唐·塔普斯科特曾说:"Uber和Airbnb不是真正的共享经济,区块链带来的才是共享经济。""假如房子储存在区块链数据库里,租客通过筛选寻找合适的房间,然后通过智能合约的签订完成交易。入住者退房后给房间打分,这一切不可变更。这样,房屋的拥有者和租房者都参加了一个区块链,拥有者分享房子给租房者,以此获利,因为没有所谓的公司在管理,这就叫共享经济。"

区块链的深远意义,并非仅局限于其技术和算法的高超,更在于其能够带来的经济学和社会学意义上的价值。这种分布式系统完全符合互联网"分布式""去中心化""人人对等""开放分享"的发展潮流;其非对称加密不可篡改的账本，体现了人们对互联网见证历史、追溯事实、发现真理的核心诉求；其"去信任""有共识"的系统，是对深悟人性、包容善恶、鼓励劳作、保护财富的完美诠释，对于创造公平公正的信用机器、共识机制和价值网络具有关键意义。它是各种去中心化应用的底层支撑技术，将颠覆传统商业模式和组织形态，重新定义未来财富，让很多生意都值得重做一遍。

区块链正以迅雷不及掩耳之势袭来，信息互联网也逐步升级为价值互联网，区块链将引领并开启下一个互联网时代。马云说："很多人还没搞清楚什么是PC互联网，移动互联网来了；我们还没搞清楚移动互联网的时候，大数据时代又来了。"现在，"人们还没搞清楚大数据是什么，区块链又来了"。美国著名的科幻作家威廉·吉布森曾说过："未来已经发生，只是尚未流行。"区块链技术已成为引领未来计算机和互联网领域发展的趋势之一，我们已隐约听见不远的未来，由区块链技术掀起的滚滚风雷。

本书秉承了由浅入深、由理论到实践的写作思想，突出了区块链思维和区块链应用的趣味性，在解读区块链技术的同时，为人们揭开区块链暴富的奥秘，并具体指出区块链给商业领域带来的巨大变革。全书分为两大部分：核心理论篇和实践篇。前三章介绍了区块链技术的核心要素、历史进程与记账制度。第四至五章重点介绍了区块链技术下的自律型社会和财富新趋势。第六至七章重点介绍了区块链的实际应用与商业社会的重塑。第八章介绍了数字货币和交易所。第九章介绍了区块链面临的现实挑战。

随着人们对区块链认识的不断提升和该技术的不断拓展，区块链的应用远远超出了数字货币管理的范畴，已延伸到各类价值和商品的交易、传输中，比如书中所提到的华尔街金融、电商、社交、餐饮、医疗、法律、媒体、物联网等。可以预言，区块链技术在各个领域的成功应用将从根本上影响和改变商业社会、企业成员、事业机构和政府的行为。

区块链将成为万物互联网的万物账本，成为新一代价值互联网的基石，成为取代互联网经济的新引擎……

目录

第一章 什么是区块链 / 001

区块链来了 / 001
价值互联网 / 002
分布式账本 / 006
去中心化信任 / 013
时间戳 / 017
非对称加密 / 022
智能合约 / 025

第二章 区块链的前世今生 / 030

1.0 时代——区块链与比特币 / 030
2.0 时代——以太坊与智能合约 / 031
3.0 时代——区块链应用与解决方案 / 038
究竟谁是叛徒——"拜占庭容错" / 042

第三章　去中心化与共识制度 / 045

中心化 VS 去中心化 / 045

公钥与私钥 / 050

共识制度与共识货币 / 053

变天账和全民记账 / 062

从股改到链改，从上市到上链 / 067

第四章　分布式商业与自律型社会 / 071

分布式商业崛起 / 071

从 Airbnb 到 Dairbnb / 075

共享经济与创意集市 / 081

自律型社会：从社群到自组织 / 087

管理革命：区块链为每一个人赋能 / 095

第五章　财富新趋势：数字资产 / 101

一夜暴富：比特币的疯狂 / 101

比特币与凯恩斯选美理论 / 104

V 神 / 109

中本聪 / 120

中国未来的财富机会：虚拟货币与虚拟资产 / 122

如何积累数字资产 / 127

第六章　区块链创业浪潮与财富风口 / 133

区块链的财富效应 / 133

区块链都有哪些圈 / 135

区块链创业与投资 / 139

区块链可以让所有的生意重做一遍 / 142

第七章　掘金区块链：从互联网+到区块链+ / 148

区块链重塑商业社会 / 148

区块链+金融：区块链会让银行业关门大吉吗 / 154

区块链+电商：未来谁能颠覆马云 / 161

区块链+文娱：如何躺着赚钱 / 169

区块链+社交：如何颠覆微信和 Facebook / 180

区块链+搜索：干掉百度、谷歌 / 190

区块链+媒体：如何创办真正的区块链媒体 / 194

区块链+品牌：从 UGC 到 UGB，你就是品牌 / 199

区块链+服务：餐饮、酒店、家政行业这样玩 / 209

区块链+医疗：病历和艳照都能为你赚钱 / 216

区块链+农业：没有"大跃进"、没有毒大米的时代 / 223

区块链+公益：做好事留名是一种风尚 / 230

区块链+法律：保护你的物权 / 236

区块链+物联网：万物互联、万物有价 / 243

第八章　ICO 与 IFO：数字货币和交易所 / 250

什么是 ICO / 250

什么是 IFO / 254

中心化交易所与分布式交易所 / 259

第九章　区块链面临的挑战 / 263

神话和泡沫 / 263

中心化还是去中心化 / 266

三角平衡：利益、效率与安全 / 269

全球监管与政策法规 / 273

结　语 / 281

附录　区块链名词解释 / 283

第一章
什么是区块链

区块链来了

年轻人在网上有一个签名,叫"何以解忧,唯有暴富",非常个性化,引发了人们对急遽变化时代的思考。这个时代,大家都在想着如何快速获得财富实现人生价值。

改革开放40年来,中国社会财富的增长速度非常惊人。但对于年轻人来说,遇到的最大问题就是自己的财富增长赶不上整个社会的财富增长。年轻人普遍有一种被剥夺感。如果年轻人没有希望,那么整个社会也就没有生机。现在,新的机会就在眼前,区块链开始搅动整个社会的财富。

在区块链技术进入第10个年头的时候,一夜之间,好像人人都在谈区块链,不谈区块链你就"out"了。

区块链开始重新定义这个时代，那些不可一世的互联网大鳄被贴上"古典互联网"的标签，而新面孔区块链将把我们带往一个全新的时代，一个变革的时代。这个变革，不仅仅是人际交往的变革，还有财富的变革，甚至是社会形态的巨大变革。

那么什么是区块链？区块链的英文叫Blockchain，很显然这是直译过来的，和当初的因特网（Internet）一样。区块链其实是一个底层协议，大致有五个显著特征：第一个叫分布式账本，第二个是去中心化信任，第三个为时间戳，其余两个是非对称加密和智能合约。

价值互联网

互联网时代，网络渗透到了我们工作和生活的方方面面，尤其是智能互联网、移动互联网的出现，彻底改变了人类的生活。但是互联网有一个非常大的局限，一直困扰着我们。

在互联网发明之初，它要解决的最大问题就是信息的传输。从最早的烽火传音，中国古人想象出来的千里眼、顺风耳，到后来的有线电话、无线电话，然后再到如今的网络，人类的信息传输经历了一个漫长的时代。计算机技术带来的第三次工业革命，把全球连接成了

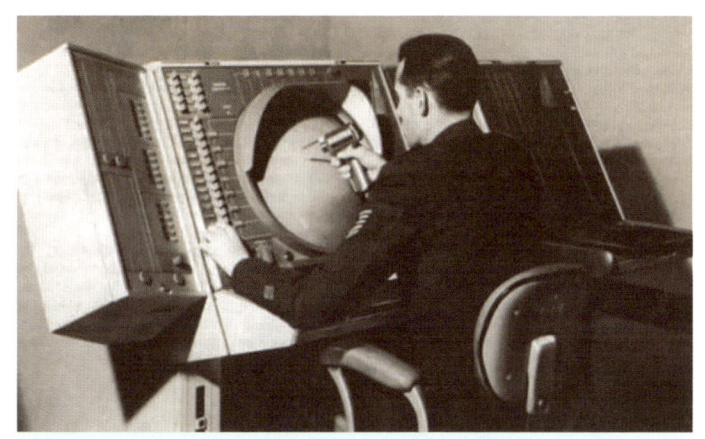

分组交换网络远程通信的实现，标志着互联网的正式诞生

一家。

每项新技术的突破与革新并非一蹴而就，都要经历从生涩到成熟、从粗糙到完美的过程。最早的互联网信息传输测试，同样也没能避免BUG，仅仅在传输了几个英文字母后，就导致了系统死机：

1969年10月29日，斯坦福大学和加州大学洛杉矶分校的计算机首次连接了起来，这次连接采用了当时的一种新技术，名字叫阿帕网，这是人类历史上第一个使用包交换技术的真实网络。现在看来，这就是后来的互联网的第一台主机。测试当天，在网络上发送的第一条消息本应该是"Login"，当时大家一边用网络传输,一边还用电话沟通——我要传一个东西给你,传了个 L,你收到了吗?大家都欢呼,那边收到了。然后又传了个 o,你收到了吗?收到了。但是到传第三个字母 g 的时候,系统死机了,没传过去。人类第一次互联网传输,充满了戏谑的色彩。假如在今天你要给女朋友发一条微信,想说 I LOVE YOU,但是结果发成了 LO,女朋友可能真的会认为你在骂她很 LOW,一桩美好的姻缘可能就此泡汤了。

时至今日,我们传输信息的能力越来越强,人们对信息的要求也越来越高。以前电梯、地下室等封闭空间很难有信号,现在到处是 Wi-Fi。出了国,很多人发现很多发达国家的手机信号都没有中国覆盖率高,联想创始人柳传志还吐槽过美国生活的不方便——联络方式落后、网速不好、出门还要带现金,而且和老外连微信群都建不了,日子简直没法过。

在信息传输上,我们已经取得了新的突破,5G 网络也开始商用探索。5G 网络是第五代移动通信网络,理论传输速度可达每秒数 10GB,比 4G 网络快数百倍,也就是说 1 部超高画质电影可在 1 秒之内完成下载。"硅谷钢铁侠"埃隆·马斯克甚至要打造天空互联网,用 12 000 颗卫星覆盖整个地球后,传输速度将是现在的 180 倍,每个人都可以直接畅享卫星带来的超级宽带服务。

即便再提升，互联网发展到现在也只解决了"信息传输"问题。但随着全球商业经济的发展，我们需要一种"价值传输"工具。什么叫价值传输？比如我想把一块钱传给你，这就需要记账功能，不能把一块钱给了你了，我账上还有一块钱。信息传输中你保存了一个信息，并发给十个人，这个信息仍然是存在你手上的，信息不会因为你传递的次数而发生增减，但是金钱不一样，如果用现在的互联网传输价值，就好像打麻将一样，赢的人会少报，输的人会多报，最后会弄成一笔糊涂账，输的钱和赢的钱永远对不上号，因为每个人都会按照对自己有益的方式做账。

在真正的价值互联网上，你给别人一块钱，你的账上要减一块钱，别人要加一块钱；你给了十个人共十块钱，那么你的账户上要减去十块，十个人里头每个人要加一块钱。互联网时代找到的一个解决方案，是采用中心化信任的模式：就像支付宝一样，买卖双方互相不信任，金钱又不能随便转移，只好让支付宝担任信任中介：买家把钱先给支付宝，然后你收货验证无误了，这个钱才转到卖家账上。

互联网天生就是要实现无缝对接，"干掉中介"。互联网的理想是实现点对点的沟通与支付。当支付宝等支付工具日渐独大时，我们发现转账有了额度的限制，提现也要付手续费；而且中心化的平台也会遭遇黑客攻击，存在不确定的风险。区块链的分布式账本技术应运而生。

分布式账本

区块链技术，其实是采用了一种全民参与记账的方式，任何一个人都可以进行记账，而这些账本背后都有大数据库做支撑，所有的分布式账本系统背后也同样都有一个数据库，也可以把数据库看成是一个大账本。现在的区块链系统中，坚持的基本原则是各自记各自的账，系统不会混乱，系统会选择记账最快最好的人，把他记录的内容写到账本，并将该账本内容发给系统内所有人备份。

用生活中常见的例子讲述，分布式账本就相当于自己家里的日常开销账本，在没有区块链技术支持的情况下，如果让你来记账，你很容易就能从中"贪污"点零花钱，今天给爸爸上交的工资少记几元钱，明天想买电脑，故意漏记几千元。而运用分布式账本技术，就可以完全避免出现以上问题，因为不是你一个人在记账，而是你全家都在记账。你在记账，你爸爸也在记账，

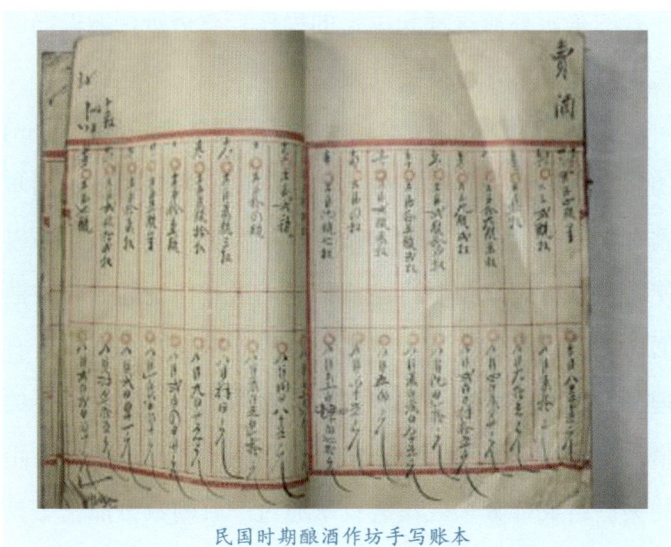

民国时期酿酒作坊手写账本

你妈妈也在记账。他们都能看到总账,你不能改,爸爸妈妈也不能改,谁都别想藏"私房钱",这样想买酒喝的爸爸和嘴馋的你都没办法。

这种分布式记账技术实质上是去掉中心化中央大账本,区块链本质上是一个去中心化的分布式账本,这种账本不可作弊、不可私自更改、不可摧毁,其本身是使用密码学而产生的一系列互相关联的数据块,每一个数据块中都包含了多条经比特币的网络交易有效确认的信息。通过分布式记账技术,可以确保账本记录整个过程完全公开透明。由于没有中心化的中介机构存在,所有的东西都通过预先设定的程序自动运行,不仅能够大大降低成本,也能提高效率。

分布式账本推行实现去中心化(Decentralization)的后交易过程,并支持分布式数据库的资源共享,同步副本,最终也可以减少对账过程的数量;去中心化可以使得节点更好地控制自己的信息,虽然传统的分布式数据库依赖于可信节点,并将账本的副本保存在由中央管理员控制的安全边界内,但是在金融业,与不受信任的第三方竞争的环境中安全运行的能力是任何潜在应用的关键组成部分。区块链技术通过一系列数据加密工具措施,以及多类别的特定架构组合来实现。各个区块中的数据均依赖于前序的区块,这种依赖关系使逆向修改数据库变得难如登天。

或许会有人把大数据和区块链联想到一起,更有甚者误以为大数据就是区块链。其实,区块链和大数据的差异很大。

大数据和云计算通常定义为通过互联网来提供动态易扩展且经常是虚拟化的资源,但是提供云计算平台的往往是一个中心化机构。对海量数据进行管理运作是大数据的主要特征,在没有中心化平台或中介平台参与的情况下实现数据的高安全性和高可靠性则是区块链的核心表现。区块链属于分布式计算的一种,组成的网

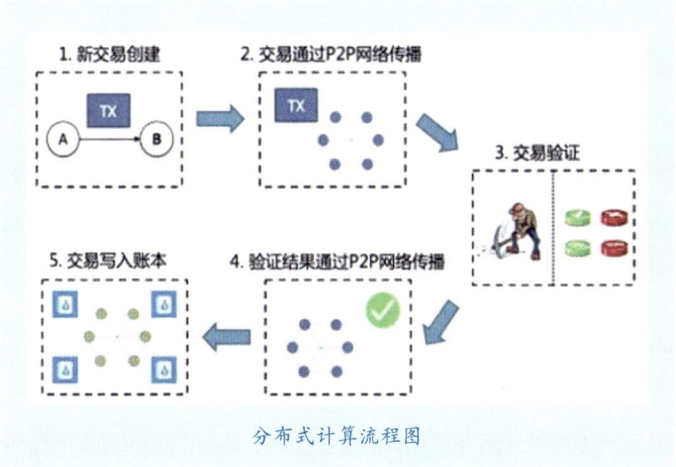

分布式计算流程图

络一般是没有特定的机构管理,所以区块链更接近分布式计算系统的定义。因此,区块链和大数据并不互相冲突,也不会互相取代,完全是面对不同场景情况下对于数据的不同解决方案。

在传统的中心化数据库体系架构中,中央管理员管理控制着信息,为确保数据的完整性,将其存储、固定及维护在特定的一个位置。这种架构中,通常数据的存储形式为原始状态,并设置一定的安全界限来防范对数据库的外部攻击。而分布式数据库中,数据存储在不同的物理位置,数据或数据副本分散在网络中。分布式数据库中的数据虽然实现了跨节点共享,但其控制也通常是集中的,中央管理员负责数据库的完整性,将所有节点均置于安全界限内，保证其可信任性。中央管理员控制着一个中心化的应用程序，用于管理数据库的访问及数据同步。

从广义上看，分布式账本（Distributed Ledger）的每个节点都有一个同步的数据副本，本质上是一种分布式数据库。它与传统的分布式数据库架构体系有三个重要的区别：一、权力分散，多个甚至全部网络参与者通过一些共识机制或验证协议来进行数据库的读写、访问与控制，而不是由中央管理员来控制数据的完整性或节点之间的一致性，从而使得控制权呈现出分散性特点；二、可信赖性大幅提升，即使在不安全的环境下或参与的各方不完全相互信任，共识机制确保了数据库的一致性和完整性；三、密码学加密。通过层层的加密工具，区块链就是一个人人可记账、人人可信赖的分布式的账本，每个节点都可以显示总账，然后维护总账，而且不能篡改账本。

有一部奥斯卡奖提名电影《血钻》，讲述了一个发生在非洲塞拉利昂内战期间走私钻石的故事。本来晶莹剔透的钻石，为什么叫充满血腥味的"血钻"？在非洲的钻石出产国，流传着这样一句俗语："如果你想长命百岁，那么就别碰钻石。"每颗钻石都沾有采矿工人，或者战争牺牲者的鲜血，每一颗钻石交易的背后都沾满

电影《血钻》剧照

鲜血,因此,被称为"血钻"。

《血钻》中渔民所罗门·梵迪不幸被卷入塞拉利昂叛军内乱战争中,被强行抓去开采钻石,无意中所罗门·梵迪淘到一颗罕见的粉钻;他为了早日救出战乱中走丢的妻儿,决定铤而走险,私藏这颗粉钻,后来被叛军查出真相并再次被俘虏。而电影的主人公丹尼·阿彻尔,则是一个地地道道的钻石、军火走私贩子,在战争中与所罗门·梵迪结识,他希望通过这颗粉钻彻底摆脱早已厌倦的走私生涯,远离这个是非之地,于是,和叛军斗智斗勇的一场精彩大戏慢慢展开。因为钻石,无数人死于非命。

试想，如果开采钻石、交易钻石利用了分布式账本技术，则可以实现对产品的溯源追踪：通过区块链技术可以清楚知道钻石是在哪里开采的、是谁开采的、什么样的环境下开采的、开采的数量和品质、与哪些国家交易的、交易价格是多少、买家是谁等信息。

通过区块链技术，钻石行业可以联手建立一个项目，来阻止暴力冲突地区开采出的"血钻"进入市场。如果你买到一颗钻石，区块链里没有它的记录，那么，它就是一颗来源不明的钻石，很可能就是来路不明的"血钻"。

同样，如果把房地产数据放到区块链上，就能追踪到交易的每个过程，知道这个房子曾经的房主是谁、是否曾经被抵押过、历史上交易过几次，而且这种记录都是不可被篡改的。

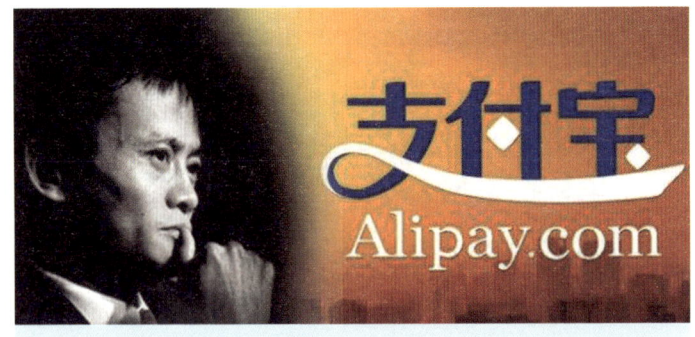

马云与支付宝

去中心化信任

传统商业社会里,大家要完成一笔交易往往需要一个可信赖的第三方机构,淘宝能够崛起便得益于支付宝的出现。在电商发展的初期,支付宝成功解决了消费者和网店店主的"信任"问题。但人类技术进步的方向,始终是要提高社会效率,降低交易成本,第三方机构仍然是一种成本,而且容易遭受网络攻击,有潜在的风险,于是区块链技术开始出现。

区块链的特点就是去中心化和去中介化,一个区块链系统由 n 多的节点构成,全世界所有的电脑组成了庞大的节点网络,每一个节点都可以记账,不再只依靠一家机构来保障资金和数据安全,数据库也是去中心化的。当每个节点都积极参与竞争时,一定时间内,记账最好最快的节点会被选出,它会把数据记录在一个区块上,随后把自己的成果发给其他节点,多个节点会审核其结果,确定无误后全网更新记账结果,这样就保证了全球数据库信息随时更新,用户也不用担心丢失一笔交易或资金。

区块链的出现,目的在于解决人类历史上人与人交往最根本的信任问题。区块链本质上是一个信任系统,是一种完全的去中心化信任体系。以区块链技术为核心

ebay 与 PayPal

载体,人和人之间的一切交易、来往都无需第三方信任平台为主体来见证,一切都将变得透明化。

信任,在人类社会商业活动中一直是至关重要的决定性因素。人们为了做到"彼此信任"付出了诸多宝贵时间和精力,一直在寻找一种可信的第三方平台。例如,美国的 PayPal、中国的支付宝都是这种可信赖的第三方,有了它们,人们可以解决商业活动中的互信问题,效率也大幅提高。人是社会化动物,分工协作和商业行为的一大难题就是建立互信。而有了区块链,人们进行的一切商业活动都会有一个智能化合约平台,将不再需要第三方做信任背书,从而形成一种去中心化的信任,这对商业活动中的多方关系都会产生革命性的影响。

在区块链技术普遍被应用于互联网行业之前，一些基础性的互联网防范举措存在着一定的风险性和局限性。在互联网上，电商平台都希望建立起广泛的信任、较高的信用等级，这需要长期交易记录与公众良好评价的积累；消费者基于此而对电商产生一个诚信交易履约的概率值，比如淘宝的信用评级等，这些都是互联网上建立信任的模式。但是由买家或第三方中介出钱雇水军乃至消费者，在其指定的网店下单购买商品，以提高销量并给予虚假好评提高信用度的行为被称为"刷单"，这已是一种常见现象，难以切实地防范与杜绝。在现有的网商环境与体系下，这种必然会产生的现象根本上源于现实互联网计算机科学。信任是电商与网购者的桥梁，这种桥梁不会天然存在，且具有相当的可伸缩性。因此，建立更具天然性、不具人为操纵性的信任是互联网未来发展的必然原生动力。

还有一个问题就是：在现实社会经济生活中，广泛存在的第三方信任平台并不是供人们免费使用的，以银行为代表的金融机构、以支付宝为代表的中介机构所提供的信用保障需要相当的成本，这些成本最终都会转嫁到普通消费者身上。事实上，金融业暴利就源自于此。而区块链中进行的完全意义上的"去中心化"，实现全程可追溯，产生可被信任的"免费"。

中心化服务器机房

支付宝与微信支付显然是通过中心化的机构建立信任,而这种中心化的机构存在着维护成本高的问题,此外,可能存在的系统故障也是一大问题,缺乏一定的公平性和客观独立性。

在区块链技术应用之前,商业交易通常需要利用银行等中心机构作为信用背书。沿着时间轴线,把数据与合约加以记录,并且设定为不可修改和删除,只能读取和写入。中心化难以做到或者即使做到也无法得到充分的信任。而区块链技术最核心的运用则可以通过一群群个体来代替一个个中心,从而实现"去中心化"。买卖双方先前使用的支付宝平台会变成区块链技术,双方的交易信息也会被储存在某一个特定的区块链地址里，犹如交易信息随时被记录在了GPS定位系统中一样，任何一方都无法改变其中的数据信息。这对于互联网市场和资本市场都是极大利好。采用分布式数据库和智能合约还可以大幅减轻人工核对的工作量，为金融机构节省开支；安全、透明、高效，区块链的这三大优势在应用层面，对于规范互联网金融的发展非常有助益，更能促进物联网和共享经济的繁荣与提升。

去中心化信任不仅能够有效解决互联网存在的"双重支付"问题，还能解决诸如承诺跟交付不一致的问题，利于构建完善的诚信体系，可谓一举多得，因此被称为全新的"价值互联网"。另外，将区块链技术运用到现实生活中，可以构建一种去中心化的信任机制，可以低成本、高效地建立交易双方的信任。这一新兴技术架构对于保证互联网价值安全具有非凡意义，人们利用区块链技术，就能够不再依靠银行、支付宝等第三方支付平台。

时间戳

时间戳（Timestamp）包含自建时间戳和具有法律效力的时间戳两类。通过时间接收设备（如GPS、北

区块与时间戳

斗卫星)来获取时间到时间戳服务器上被称为自建时间戳。自建时间戳通过时间戳服务器签发时间戳证书。通过时间接收设备接收时间时存在被篡改的可能,故这种时间戳不具备任何外部效力,作为法庭证据使用就不具有法定效力,通常只能用作组织内部责任认定。而具有法律效力的时间戳要求保证时间戳证书中时间的准确性和防篡改性,由国家授时中心负责时间的授时与守时监测,具有被认可的法律效力。

1997年,密码朋克成员哈伯和斯托尼塔提出了一个用时间戳的方法保证数字文件安全的协议。哈伯和斯托尼塔对它的简单解释是:用时间戳的方式表达文件创建的先后顺序,协议要求在文件创建后,其时间戳不能改动,这就使得文件被篡改的可能性为零。可信时间戳由算力时间源来负责保障时间的授时和守时监测，任何机构包括时间戳中心都不能对时间进行修改，以保障时间的权威。哈伯和斯托尼塔提出的这项安全协议后来成为比特币区块链协议的原型，直接赋予区块链技术无中心、防篡改、高透明的特点。这也是区块链技术被视为改变当今中心化垄断、信用严重缺失的社会现状的革命性技术的关键所在。

如今，时间戳已被定义为格林尼治时间1970年1月1日0时起至现在的总秒数。

很多编程语言起源于UNIX系统，而UNIX系统认为1970年1月1日0点是时间纪元，所以我们常说的UNIX时间戳是以1970年1月1日0点为计时起点

UNIX系统

时间的。如今人们所使用的电脑的程序语言受电脑系统影响，现代电脑系统又都受到UNIX系统的广泛影响，而1970年1月1日这个时间正是UNIX系统的起始时间（Epoch Time）。现在计算机和一些电子设备时间的计算和显示都是以距历元（即格林尼治标准时间1970年1月1日的00:00:00.000，格里高利历）的偏移量为标准的。

由于UNIX系统源自20世纪60年代，第一个正式版本于1970年首次运行在PDP-11上，1971年11月UNIX Programmer's Manual（UNIX程序员手册）首次公布，这个手册将起始时间定义为1971年1月1日。时间戳是指格林尼治时间1970年1月1日0时00分00秒(北京时间1970年1月1日08时00分00秒)起至现在的总秒数。

形象性地讲，时间戳是一份完整的可验证的数据，它能够证明一份数据存在于哪个特定的时间点。因此它的提出主要是为用户提供一份电子证据，以证明用户的某些数据的产生时间。在实际应用上，时间戳可以使用在包括电子商务、金融领域的各个方面。在时间戳的记录之下，一些公开密钥基础设施的服务就变得"不可否认"。

时间戳是一个经加密后形成的凭证文档，它由三部分组成：1.需加时间戳的文件的摘要；2.DTS（Data Transfer Service，数据转换服务）收到文件的日期和时间；3.DTS 的数字签名。通常而言，时间戳产生的过程为：用户首先将需要加时间戳的文件用编码加密形成摘要，然后将该摘要发送到链上，在加入了收到文件摘要的日期和时间信息后再对该文件用数字签名加密，最后返回给用户。

通过时间戳，区块链保证了每个区块按顺序相连。时间戳把时间标记在区块链上的每一笔数据上。简要而言，时间戳证明了区块链上什么时候发生了什么事情，且任何人都无法篡改。由于区块链上记录的信息无法被任何人以任何方式修改，时间戳在区块链上扮演着公证人的角色，而且比传统的公证制度更具可信性。有了时间戳加持，知识产权保护等领域运用区块链技术就能起到很好的作用。例如，一位研究人员有了一项新发现或新观点，准备发表论文，在发表之前想先找导师或业内大咖给把把关，但是却担心对方将这项新发现或新观点直接归于自己而抢先发表。这种情况下，你只需先将论文底稿保存在区块链上，便可以防患于未然。

非对称加密

加密自古有之——有信息传输的需求,人类必然就会发明保护信息传播的技术手段。最早的密码应用于军事、外交等领域,可上溯至古巴比伦时代。有加密自然就有解密,古典密码学的原理虽然也是基于算法,但需要依赖手工或机械对字符串进行加解密,一旦算法被破解,密码就形同虚设。随着信息技术与计算机科学的深入发展,基于复杂计算的技术,产生了现代意义上的密码学。现代密码学的核心是密钥,是指在明文转换为密文或将密文转换为明文的算法中输入的参数。最初的加密算法就是对称加密算法,采用单钥密码系统的加密方法,同一把密钥可以同时用作信息的加密和解密,保证加密信息的安全。使用这种加密方法的双方用同样的密钥进行加密和解密。密钥是控制加密及解密过程的指令。算法是一组规则,规定如何进行加密和解密。

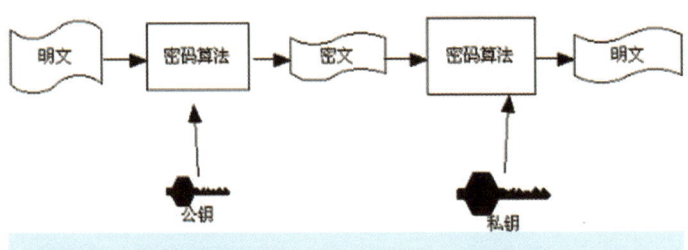

非对称加密原理

加密和解密使用相同密钥的加密算法是对称性的加密，必须保证加密算法、密钥管理、密钥传递的绝对安全可靠。但绝对的安全谁也不能长久地保证，这是对称加密无法克服的缺点。

有无法克服的缺点，有必然需求的市场，就会催生新技术的革命。到了 1976 年，美国学者 Whitfield Dime 和 Martin Henman 提出了公钥密码机制，以解决信息公开传送和密钥管理问题。这种密钥交换协议，允许在不安全的媒体上的通信双方交换信息，安全地达成一致的密钥，被称为"公开密钥系统"。这标志着加密和解密可以使用不同的规则，非对称加密开始应运而生。

非对称加密算法与对称加密算法不同，它需要两个密钥：公开密钥（Public Key）和私有密钥（Private Key）。公开密钥与私有密钥是对应的，如果用公开密钥对数据进行加密，只有用对应的私有密钥才能解密；反之，如果用私有密钥对数据进行加密，那么只能用对应的公开密钥才能解密。因为加密和解密使用的是两个不同的密钥，所以这种算法叫作非对称加密算法。

如下图所示，甲乙之间使用非对称加密的方式完成了重要信息的安全传输。

1. 乙方生成一对密钥（公钥和私钥）并将公钥向

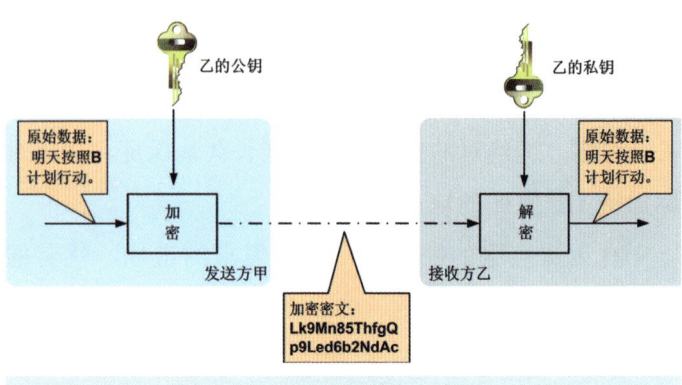

非对称加密工作过程简要示意图

其他方公开。

2. 得到该公钥的甲方使用该密钥对机密信息进行加密后再发送给乙方。

3. 乙方再用自己保存的另一把专用密钥（私钥）对加密后的信息进行解密。乙方只能用其专用密钥（私钥）解密由对应的公钥加密后的信息。

在传输过程中，即使攻击者截获了传输的密文，并得到了乙的公钥，也无法破解密文，因为只有乙的私钥才能解密密文。

同样，如果乙要回复加密信息给甲，那么需要甲先公布甲的公钥给乙用于加密，甲自己保存自己的私钥用于解密。

在对称加密时，通信双方的密钥必然相同，如果一方的密钥被盗，那么整个通信的秘密就会被破解。而非对称加密使用两个密钥，一个用来加密，一个用来解密，而且公钥是公开的，私钥是自己保存的，不需要像对称加密那样在通信之前先同步密钥。所以与对称加密相比，非对称加密具有更好的安全性。

智能合约

智能合约（Smart Contract），简而言之就是一套以数字形式定义的承诺，包括合约参与方可以在上面执行这些承诺的协议。其中，一套承诺指的是合约参与方同意的权利和义务。这些承诺定义了合约的本质和目的。

数字形式则意味着合约不得不写入计算机可读的代码中。这是必须的，因为只要参与方达成协定，智能合约就会建立起权利和义务，并由一台计算机或者计算机网络执行。

一、智能合约工作原理

基于区块链的智能合约包括事务处理和保存的机制，以及一个完备的状态机，用于接受和处理各种智能合约；并且事务的保存和状态处理都在区块链上完成。事务主要包含需要发送的数据，而事件则是对这些数据的描述信息。事务及事件信息传入智能合约后，合约资源集合中的资源状态会被更新，进而触发智能合约进行状态机判断。如果自动状态机中某个或某几个动作的触发条件满足，则由状态机根据预设信息选择合约动作自动执行。

智能合约系统会评估事件描述信息中包含的触发条件，当触发条件满足时，智能合约系统自动发出预设的数据资源，以及包括触发条件的事件；整个智能合约系统的核心就在于智能合约以事务和事件的方式经过智能合约模块的处理，出去还是一组事务和事件；智能合约只是一个事务处理模块和状态机构成的系统，它不产生智能合约，也不会修改智能合约；它的存在只是为了让一组复杂的、带有触发条件的数字化承诺能够按照参与者的意志，正确执行。

二、为什么智能合约要用区块链实现？

智能合约看上去就是一段计算机执行程序，满足可准确自动执行即可。那么为什么用传统的技术很难实现，而需要用区块链技术等新技术呢？

传统技术即使通过软件限制、性能优化等方法，也无法同时实现区块链的以下特性：

1.数据无法删除、修改，只能新增（这样保证了历史的可追溯，同时作假的成本将很高，因为其作假行为将被永远记录）。

2. 去中心化（避免了中心化因素的影响）。

基于区块链技术的智能合约不仅可以发挥智能合约在成本效率方面的优势，而且可以避免恶意行为对合约正常执行的干扰。将智能合约以数字化的形式写入区块链中，由区块链技术的特性保障存储、读取、执行整个过程透明可跟踪、不可篡改。同时，由区块链自带的共识算法构建出一套状态机系统，使得智能合约能够高效地运行。

智能合约取代纸质合约已愈来愈具有可行性与现实性，这不仅能架起连通物理世界和虚拟世界的桥梁，对我们传统的生活方式也具有非凡的意义。从物权的独占到使用权的分享，共享单车、共享汽车、共享度假

计算机科学家、密码学家尼克·萨博（Nick Szabo）

酒店这些共享经济的代表，已具有智能合约商业化的要素。

早在1994年，计算机科学家、密码学家尼克·萨博（Nick Szabo）就提出了智能合约的概念，当时尼克·萨博将智能合约定义为"一套以数字形式定义的承诺，包括合约参与方可以在上面执行这些承诺的协议"。从计算机科学角度看，智能合约可以理解为一个运行在计算机系统中，当一定的条件被满足时可以被自动执行的合约。

在现实经济生活中，我们经常用到的信用卡自动还款业务就是一种基于互联网技术的智能合约。我们首先可以为自己的信用卡关联一个银行储蓄卡账号，每个月到了事先约定好的信用卡自动还款日，银行计算机系统就会自动根据信用卡欠款金额及约定还款日这两个条件，从此前设定好的银行储蓄卡划出款项，自动还款这一合约就得到了履行。月而复始，只要保证银行储蓄卡账户中的金额足够，我们就不必担心因忘记还信用卡而被罚息及影响信用。

基于区块链的智能合约是由事件驱动的，具有状态的，运行在一个可复制可共享的区块链数据账本之上的，能够接受、存储、处理、发送账本上的数据、价值或智能资产等功能的程序。

智能合约的基本工作原理是真实世界的信息和价

值通过区块链的数据层、网络层和共识层导入到智能合约，此时智能合约作为部署在区块链上的去中心化、可共享的程序代码，其自身可以存储数据和控制资产，然后智能合约基于提前达成的合约条款开始自动运行，来进行资源分配，即进行数据输出以及资产的处理。整个过程可以内置在任何区块链数据、交易、有形或无形资产上，形成可编程控制的软件定义的系统、市场和资产。

合约层作为区块链的核心层，主要是因为，智能合约不仅是区块链的激活器，即智能合约能为静态的底层区块链数据（即数据层、网络层、共识层、激励层）赋予灵活可编程的机制和算法，而且智能合约的自动化和可编程特性使得各种去中心化应用、组织、公司等成为可能。也就是说，在合约层可以嵌入多种基于区块链的应用场景，如 2016 年 12 月智能合约联盟（Smart Contracts Alliance）就给出了智能合约的 12 种应用场景，具体包括数字身份、证券、贸易融资、财务数据记录、抵押、土地所有权记录、汽车保险、临床试验、癌症研究等。

第二章
区块链的前世今生

1.0 时代——区块链与比特币

从中本聪发表《比特币：一种点对点的电子现金系统》论文开始，比特币和区块链就如影随形。2009 年 1 月，以区块链技术为基础的比特币发行交易系统运行，随着第一个区块生成，比特币正式诞生。

区块链技术便是比特币的关键底层技术。而区块链的 1.0 也以比特币为代表，强调数字货币的应用。比特币的数字货币风潮，引发了很多人对区块链的关注，随后因为各种运行协议的不同，又衍生出新的货币，比如莱特币、瑞波币等。

比特币的出现解决了加密数字行业的一大难题，就是"双花"问题，即避免出现重复支出。传统数字货币依赖中心化的第三方保留交易总账，而区块链使用了

比特币标志

公共账本技术,给比特币的广泛使用创立了"无需信任"的条件,也给了数字货币风靡全球的能力。

区块链 1.0 是一场全球数字货币的启蒙,众多商业组织开始认识到数字货币的作用。

2.0 时代——以太坊与智能合约

以太坊(Ethereum)是 2013 年由加拿大籍俄罗斯天才开发者 Vitalik Buterin 主导开发的下一代智能合约和去中心化应用平台,是目前全球最知名、应用最广泛的区块链智能合约底层平台。

一、以太币（Ether）

以太坊系统中的代币，简称ETH。以太币（Ether）是以太坊内部的主要燃料，为在这个体系上进行各种数字资产交易提供主要的流动性，同时也用于智能合约运行费用的支付。以太坊的最小面值，是一枚以太坊代币分割到小数点后18位，为1"wei"。

二、以太币的作用

在以太坊网络上要建立和运行智能合约，需要支付以太币。这个费用对于想认真做开发的人员来说比较低，但是对于大量运行垃圾项目的发起者或者攻击者来说就是比较大的负担。

以太币标志

如果运行一个智能合约不需要花一些费用的话,在这条区块链上就会出现很多的垃圾合约或者垃圾应用,这个区块链就会遭到攻击,使整个网络陷入无法使用的状态。在以太坊的区块链每次运行智能合约的时候,需要使用某些计算能力,这些算力称为 Gas,可以以太币 ETH 来支付这些算力,以确保这个区块链的稳定和安全。

三、智能合约的作用

智能合约最早在 1994 年由密码学家尼克·萨博提出,几乎与互联网同时出现。智能合约是由计算机程序定义并自动执行的承诺协议,类似编程中的 if-then 语句。因为一直缺乏一个友好的、可编程的基础系统,所以智能合约虽然提出由来已久,但直到以太坊出现,智能合约才被广泛应用。

有了智能合约,任何人都能够在以太坊上创建自己的去中心化应用。智能合约在以太坊上一旦被创建之后,无需中间机构参与就能自动执行,并且没有人能够阻止其运行。在以太坊上的智能合约,能够控制区块链上各种数字资产,进行复杂的算法和操作。

为了便于形象地理解,我们可以拿自动售货机来举例。自动售货机都有一套提前写好的程序代码,消费者购买的路径和行为均可以预测,于是你投币选择了相应商品后,机器会自动读取金额并掉出商品。这就是最简单的智能合约应用,只不过在区块链上,运行的合约要繁复得多,人们实现的路径和行为方式也会五花八门。

和其他区块链协议不同,以太坊是一个完全的基础架构平台,也就是说,在它上面可以运行所有的区块链和协议,以太坊就像一个开发平台。理论上来讲,任何人都可以在以太坊上创建应用,包括编写资产代码或者发行代币,而发行的机制、名称、代币的多少都由本人决定。数据显示,以太坊开发代码学校 CryptoZombies.

名目繁多的全球加密数字货币

io 已经拥有超过 207623 名用户，而且此数字还在增长。

因为要支持智能合约，以太坊上有两种类型的账户地址：外部账户和合约账户。外部账户由私钥控制，合约账户由智能合约创建者编写的代码控制。以太坊在第三版本 Metropolis（大都会）中，引入"抽象账户"，即让用户同时拥有合约账户和外部账户，本质上是让用户按照合约账户的格式来定义外部账户，这样账户具备量子级别的安全性，同时账户就像智能合约一样变成定制化。

区块链 2.0 与 1.0 相比，使用的范围再次扩大，它的真正价值在于——区块链的去中心化功能可以被用来处置不同类型的资产，而不仅仅是数字货币，甚至还可以记录和处理不同类型的合约。

区块链 2.0 意味着你以后不用随身携带国家相关部门颁发给你的一系列证件，你的驾驶证、身份证、护照等都在区块链上有记录；涉及合同交易的条款都通过智能合约约定，比如托管交易、贷款合同、借据、保险合同等。哪怕你的知识产权也能被区块链锁定保护：比如你想到一个好的品牌名，可以将它的编码放到区块链上，其他人非法使用后，你不需要再去找注册资料、工商局证明，只需要区块链上的时间戳，就能证明你的所有权；任何人或组织使用你的名字，你还可以通过智能合约收取版权费。

智能合约的最大特征是自治,即一旦启动就会自主运行,任何人无法干预,同样,一旦满足合约条款,结果也立即生效。为了避免皇子争权恶斗,清朝雍正皇帝创立秘密立储制度,即将立太子的秘密谕旨一式两份,一份由王公大臣见证藏于匣内,置于乾清宫"正大光明"匾后,一份放在皇帝身边。但这其实也充满风险,凡是实物都有可能被偷窃、篡改。如果是智能合约,任何人在皇帝驾崩前是无法知晓结果的,直到最后一刻才能确定继承大统的人选。

区块链挖矿成为风潮

智能合约是一套以数字形式定义的承诺，承诺控制着数字资产并包含了合约参与者约定的权利和义务，由计算机系统自动执行。智能合约程序不只是一个可以自动执行的计算机程序，它本身就是一个系统参与者，对接收到的信息进行回应，可以接收和储存价值，也可以向外发送信息和价值。这个程序就像一个可以被信任的人，可以临时保管资产，并总是按照事先的规则执行操作。

通常会把写区块链程序改称写智能合约。虽然比特币上也能写智能合约，但是比特币所支持的语法仅与交易有关，能做的事情比较有限。因此目前提到写智能合约，通常指的是支持执行图灵完备程序的以太坊区块链。

四、智能合约走向自治和自律

随着智能合约的逐渐应用，我们会完全走向一个去中心化、自治、自律的社会，也就是开启"4D模式"。

最先进入的是DAPP（Decentralized Application）时代。DAPP即去中心化应用，可以这样简单地理解，基于手机苹果或者安卓系统开发的应用被我们称为APP，而基于区块链去中心化开发平台诞生的应用被称为DAPP。APP是人类互联网的颠覆性发明，DAPP又将颠覆APP，给人类生活带来新的想象空间。

智能合约会相继改变组织、机构和社会，依次产生去中心化自治组织DAO（Distributed Autonomous Organization）、去中心化自治机构或公司DAC（Distributed Autonomous Corporation）、去中心化自治社会DAS（Distributed Autonomous）。最终，人类进入自律型社会。

3.0时代——区块链应用与解决方案

与1.0、2.0相比，区块链的3.0是全面落地技术与应用的阶段，"区块链+"迎来百花齐放。

伴随着技术的成熟和投资的跟进，区块链的应用场景正在增加。目前来看，金融是天然适合区块链技术的领域，一些金融城市也已经掀起了人才大战。在中国，上海、香港等城市已经出台多项优惠政策吸引区块链人才。上海杨浦区对区块链技术核心高层次人才给予最高不超过10万元的租房补贴，补贴最长期限可达3年；中国香港在最新的优秀人才入境计划（QMAS）名单上增补了区块链人才，在申请移民中国香港时，这些专业型人才有资格获得最高加分30分。

区块链技术是全球语言，为世界提供了一种通用的解决方案。除了金融以外，电商、文娱、社交、医疗、农业等多个领域,也处在应用落地阶段。商务部国际贸易经济合作研究院对外发布的研究报告《链接未来价值:区块链商务应用前景研究报告》显示,中国的区块链应用已延伸到国内数字商务、数字文化、网络安全、物联网、智能制造、供应链管理、数字资产交易等多个领域。

区块链技术的应用正在创立一种新的商业模式。区块链的去中心化特征正在重建跨境支付、产品溯源、供应链金融等商业场景,让交易的主体和过程更加可信,提高了商业协作的效率。

区块链的一大激励措施是可以发放 Token,这样的

Token 在航空公司积分方面的应用

机制可以为商业赋能，激励更多消费者或主体参与其中。比如现行的很多航空公司的积分和定级里程，就是一种很好的 Token，消费者每一次乘坐飞机都能获得激励，因此对于选择某个航空公司会逐渐产生偏好，积分和等级的提升也能兑换机票或者享受附加服务。区块链技术的商业化，有望打通各行业的积分体系，让积分成为一种世界共同的激励方式，其实，目前很多酒店联合组成的会员联盟已经初露端倪。Token 激励就是商业的润滑剂。

除此之外，区块链对实体经济的价值还在于"区块链+"，通过区块链改造传统商业，进而优化商业模式，形成新的商业形态。中国改革开放中有很多专有的名词，比如混改、股改，区块链技术应用即将掀起的是一场"链改"。

2018 年 8 月，深圳开出了中国首张区块链电子发票，这是区块链技术在中国税收征管史上的最新应用。发票是财务记账的主要凭证，尽管前几年大力推广了电子发票，但使用过程中仍然有很多"痛点"：如何保证发票信息真实性？如何避免重复报销？如何保证跨区域快速流通？而区块链技术恰好具有独特的优势，区块链电子发票成功实现了"交易数据即发票"，将发票开具与线上支付进行结合，实现了资金流、发票流二流合一,通过区块链不可篡改的技术,打通了发票申领、开票、报销、报税全流程。

对于新技术的态度,往往意味着发展的潜力和张力。随着全球政府对区块链的逐步重视,政策效应和商业效应将使全球形成多个区块链城市,在部分城市内还将出现区块链产业园集群。在美国,已有很多州通过了与区块链公司进行合作的法案,目前有13个州已经拥抱数字货币以及区块链技术。在中国,越来越多的城市想成为区块链之都。北京的区块链技术创业公司占全国同类公司总数40%以上,其中包括比特大陆、OKCoin等知名区块链企业。上海是国际金融中心,2017年建立了全国首个"区块链孵化基地"。深圳的区块链项目总数仅次于北京,位居全国第二。当地的互联网巨头腾讯、迅雷纷纷入局,区块链的从业者、创新者扎堆出现。除此之外,贵阳、雄安等后起之秀,也都在抢占区块链跑道。

"春江水暖鸭先知",互联网巨头们深谙技术引领之道,已经纷纷布局发力区块链:微软深耕计算机技术,正全力推进区块链技术研发与应用;谷歌看似低调,其实早已成为区块链技术的第二大投资者;Facebook正在寻找新的增长红利,区块链被寄予厚望;苹果2018年投入了百亿美元的研发费用,专业人士推测或已开发了相关产品，也许苹果会借区块链实现第二春。

更多区块链 3.0 的应用场景和领域，将在本书第六至七章做重点介绍。

究竟谁是叛徒——"拜占庭容错"

什么叫"拜占庭容错"？

拜占庭是东罗马帝国的首都，也就是现在的土耳其伊斯坦布尔，它远离欧洲的中心。古代的通信不方便，战争情况也非常复杂。我们假设拜占庭帝国有四个将军，分别是 A、B、C、D，但是这四个将军里头有一个叛徒，也就是有一个记假账的人，情况就会很危险。那如果这四个将军要同时发起一个一致的行动呢，现在我们可以直接建群发布微信，过去没有现代化通信手段，只能靠传令兵。假如 A 要给大家发令，说明天凌晨一点钟对敌人的城市发动总攻，怎么办呢？他要用他的三个传令兵去给 B、C、D 传令，说明天凌晨一点发动总攻。但是如果里头有一个叛徒，这个叛徒就会按兵不动。但是不用怕，按大多数规律，三个人一起攻，还是能把城市攻下来的，而且一看其中有一个按兵不动，那他就是叛徒。

拜占庭四将军

但是这还解决不了一个问题：假如发布命令的这个 A 本身就是叛徒，那他怎么办？他会使一个花招，给另外的三个人分别传令，给 B 发令的时候就让他一点钟攻击，让 C 两点钟攻击，让 D 三点钟攻击。你想想，如果单兵突击，就会被各个歼灭，最后全军覆没。

那"拜占庭容错"怎么解决呢？采用回传的方式。什么叫回传？你不是要发布命令吗，发布了命令之后，我的勤务兵要回来，说我收到，这个勤务兵可以把其他人收到的信息再反馈回去交叉确认。这样剩下的三个人就会发现其中有蹊跷，因为收到三条命令，分别说一点钟、两点钟、三点钟发起攻击，这样就很容易判断谁是叛徒。

为什么现在互联网上的一些密码极容易被破解呢，比如QQ、微信、微博很容易被盗号？因为现在采用的是对称加密的技术，通过用户名和密码进入网络，而区块链时代，有一个公钥和私钥，你传达的命令，相当于传给我一个公钥，我再回你一个私钥，而且这个密码是变动的。这就保障了信息传输的安全。

"拜占庭容错"的解决，为区块链技术大范围应用铺平了道路。

第三章
去中心化与共识制度

中心化 VS 去中心化

在商业社会中,中心化往往体现在大型企业、超级巨头的身上。一定程度上,中心化提高了生产效率,推动了经济和社会的发展。但中心化也有一个致命的问题,一旦中心出现问题,整个社会都会受到影响。

2017年,享誉世界的"日本制造"跌落神坛,神户制钢所、三菱材料等日本大公司发生产品质量丑闻。2007年以来,神户制钢所出售给波音、福特、丰田等公司的部分材料信息造假。三菱材料出售给约274个客户的汽车和飞机零部件数据造假。制造业巨头东丽也承认,2008年以来出售的加固轮胎绳索数据不实。因为数十年里曾让无资质的检验员负责新车出厂前的整车检查,2017年,日产和斯巴鲁汽车公司分别召回

日本神户制钢所公布产品规格造假报告，CEO鞠躬致歉

120万辆和39.5万辆汽车。

21世纪初最轰动的造假案例当属美国安然事件。安然公司曾是世界上最大的能源、商品和服务公司之一，名列《财富》杂志"美国500强"的第七名，连续六年被《财富》杂志评选为"美国最具创新精神公司"。2000年，安然的营业额高达1 010亿美元，然而因为深陷会计假账丑闻，一年后便轰然倒地。

中心化和权力、垄断、大型、不透明这些词语相关。最登峰造极的中心化当属皇权——"溥天之下，莫非王土；率土之滨，莫非王臣"，封建社会的皇帝，身为九五之尊，是天下的中心。但皇帝也苦于中心化，比如一旦给秀女画画的人成为中心,皇帝看到的也是被筛选的结果。

历史上有一个经典的故事:汉元帝后宫佳丽三千,没有时间一一相看,就让画师把佳丽们的容貌画出来,皇帝看图召见。消息一出,佳丽们都争相贿赂画师,请求画师把自己画得好看一点,但独独王昭君没有贿赂画师。于是,画师对其心存不满,丑化了昭君,以至于最终皇帝看到昭君虽一见倾心,但奈何出塞已定无法挽回,皇帝只能空叹美人出关。

剁手党们熟悉的电商购物,就是身边的典型中心化案例。你不妨回想下自己下单的流程:

网络购物

1. 首先下单并把钱打给支付宝；
2. 支付宝收到款项通知卖家发货；
3. 卖家根据订单安排寄货；
4. 你收到商品，确认无误后，告知支付宝；
5. 支付宝打款给卖家。

至此，一个完整的交易流程结束。在这中间，支付宝充当的就是支付中介和信用中介的角色。由于有中心化的平台担保，任何环节出现问题，都可以通过支付宝核验和仲裁，消费者就能大放其心地购物。

但这一中心化的背后，也让支付宝很容易成为攻击的对象，支付宝背后的用户数据也被黑客们觊觎。到现在为止，平台并未发生大的危险，但自然和战争等因素往往是不可抗力，万一哪天中心服务器遭受攻击，你是否付款、支付宝是否有余额、卖家到底有没有发货，所有这些都将查无实据。

那去中心化是什么？去中心化能解决这些问题吗？

在互联网内容领域，与新浪、搜狐这些门户网站相比，微博的出现就是去中心化的一次应用。门户网站是资讯的中心化集合，编辑拥有很大的权力，大家千人一面，首页几乎一样，新闻也大致相同；而微博发动了用户作为内容生产的主体，无数的分布式用户构建起庞大的内容体系，而且每个人可以关注自己喜爱的明星或关键意见领袖（KOL），接受的消息也不同。从用户的内容阅读上讲，今日头条又在微博的基础上更进了一步，实现了资讯产品的千人千面。不过，由于都是背靠中心化的平台，它们并不是真正的去中心化。

我们不妨设想一下真正去中心化的电商交易：

去中心化电商交易的前提是，人们已经约定了区块链智能合约的触发机制：收到货物，确认无误后，智能合约生效，卖家收款。

1. 首先在区块链 DAPP 上购物下单；

2. 然后你的交易行为、交易金额等关键信息被记录到自己的账本上；

3. 你将这条交易信息传播出去；

4. 全网收到信息后，同步记账；

5. 卖家发货，将发货的信息记录在自己的账本上；

6. 卖家将发货信息（没有个人隐私信息）传播出去；

7. 全网收到信息后，同步记账；

8. 你收到商品，确认无误后，智能合约生效。

至此，一个去中心化的交易流程结束。在这中间，提供服务的是新兴的去中心化的 DAPP，消费者和卖家的行为会被全网记录，不仅交易无法篡改，全网分布式节点也会约束监督彼此的行为，最终交易结算通过智能合约达成。这样，我们就不用担心支付宝这样的中心化平台出现大的故障，每个人的资产和权益都会得到保障。

在中心化系统中，中心决定着节点，节点依赖中心而生存，节点怎么样要看中心，离开了中心，节点就没法生存；去中心化系统中，节点与节点是分布式存在的，是非线性的因果关系，通过分布式网络连接在一起，任何节点都是独立的中心，节点自由组合选择中心，自由决定谁是中心。

当然，中心化与去中心化不是矛盾体，到底谁好谁坏，我们要分清楚使用的场景。中心化在效率方面优势明显，去中心化更讲求民主和公平。目前来看，区块链的去中心技术还没有完全成熟，仍然需要一整套的逻辑和算法来完善，背后要做的功课还有很多。

公钥与私钥

前面章节中，我们已经谈到了非对称加密的问题，这一节中对公钥和私钥进行详细的对比说明。

非对称加密通常在加密和解密过程中使用两个非对称的密码，就是我们所说的公钥和私钥。非对称密钥具有两个特点：一是用其中一个密钥（公钥或私钥）加密信息后，只有另一个对应的密钥才能解开。二是公钥可向其他人公开，私钥则保密，其他人无法通过该公钥推算出相应的私钥。

为了通俗理解，我们不妨以东汉末年曹操和关羽的书信来往举例。

起初，曹操写完信后，装在一个特制的匣子里，并附上一把钥匙，关羽收到后用钥匙打开就能看到孟德写的内容，但这样很有风险，一旦被截获，立马暴露。

这时候就需要公钥、私钥组合登场，曹操有一把公钥，写完信后直接用公钥加密（公钥上的锁只能用私钥打开），然后关羽用私钥打开，这样任何人截取了也无法获得内容。

但这个还可能发生意外，比如公钥很多人都有，有人完全可以假冒曹操给关羽写信，关羽获得信息后极有可能陷入圈套。

此时就需要哈希算法和数字签证了，哈希算法能防止内容被篡改，数字签证保证了是曹操亲手所书。

至此，这一套非对称加密系统，保证了信息和价值传输的准确性，也防止了信息和数据的泄露。

以下是对关键名词的解释，帮助大家理解：

公钥加密（Public Key Cryptography）是一种特殊的加密手段，可以在同一时间生成两个密钥(私钥和公钥)，每一个私钥都有一个相对应的公钥，从公钥不能推算出私钥,并且用其中一个密钥加密了的数据,可以被另外一个相对应的密钥解密。这套系统使得节点可以先在网络中广播一个公钥给所有其他节点,然后所有其他节点就可以发送加密后的信息给该节点,而不需要预先交换密钥。

数字签名(Digital Signatures),又称公钥数字签名、电子签名,是一种类似写在纸上的签名,它是使用了公钥加密领域的技术,用于鉴别数字信息的方法。在网络上可以使用数字签名来进行身份确认。数字签名是一个独一无二的数值,若公钥能通过验证,那我们就能确定对应的公钥的正确性。数字签名兼具可确认性和不可否认性。

数字签名

哈希（Hash），又称作"散列"，是一种数学计算机程序，它接收任何一组任意长度的输入信息，通过哈希算法变换成固定长度的数据指纹输出形式，如字母和数字的组合，该输出就是"哈希值"。哈希使存储和查找信息速度更快，因为哈希值通常更短，所以更容易被找到。同时，哈希能够对信息进行加密，一个好的哈希函数在输入域中很少出现哈希冲突，哈希一个特定文档的结果总是一样的，但找到具有相同哈希值的两个文件在计算上是不可行的。

公钥（Public Key）与私钥是通过一种算法得到的一个密钥对，公钥是密钥对中公开的部分，私钥则是非公开的部分；公钥通常用于加密会话密钥、验证数字签名，或加密可以用相应的私钥解密的数据。

私钥（Private Key）是指与一个地址(地址是与私钥相对应的公钥的哈希值)相关联的一把密钥，是只有你自己才知道的一串字符，可用来操作账户里的加密货币。

共识制度与共识货币

在中心化的社会中，由于中心的存在，大家很容易最终达成共识，然后通过制度和规则对人们的行为加以约束。比如，封建大家庭里的老爷，自己是中心，家族里的大小事都以他的判断为共识；在集权社会中，高度权威的朝廷牢牢占据核心地位，很容易将个人意志转化为全民意志，通过暴力机关和法律法规来约束臣民。

而去中心化的社会中，怎么达成共识呢？只有在面临去中心化时代，共识才会成为更为重要的东西，此时的共识关系到每个人的切身利益。我们知道区块链是一种分布式记账系统，在这一系统中，每个节点都是分布的，每个人都是账本，大家地位平等，一旦出现问题，如何达成真正意义上的共识呢？

所谓的共识制度或共识机制，就是能在区块链世界中，通过非对称加密、时间戳等技术手段，在没有第三方权威介入的情况下，实现有效的价值信息转移。为了方便理解，我们不妨从现实经济中找一些参照，比如计划经济和市场经济。计划经济是典型的中心化，生产、消费、分配都由中央权力部门下达层层指令。而市场经济更加强调生产要素的自由流动，市场经济制度就是一种共识制度。每一个参与经济建设的节点，都遵守相应的商业规则，"人人为我，我为人人"，自身利益最大化的同时，经济也取得了巨大繁荣。

区块链的共识制度，是通过工作量证明来实现的，

共建经济繁荣

每一个节点都平等参与竞争，通过 Token 激励构建一个合理的价值系统，这样每个节点都会更加积极，实现利益的同时，积累保护区块链系统安全的庞大算力。

当然，区块链的共识过程会遭遇很多问题，根据解决方法的不同，目前主流的共识算法大致有以下几种：

1. 工作量证明（Proof of Work，POW）。工作量证明最初提出是为了防止垃圾邮件，后来中本聪在比特币区块链设计共识机制中引入。工作量证明是通过解决一个不容易解答但是容易验证的问题来争取记账权以达到共识目的。例如，在比特币区块链中，是通过枚举法对得到的新字符串进行 SHA 256 哈希运算，找出满足给定数量前导为 0 的哈希过程。前导 0 的个数越多，代表问题的难度越大。一旦某个节点找到符合要求的随机数，该节点就获得当前区块的记账权，并获得一定的奖励。该算法实现起来很简单，节点间无需交换额外的信息，但是能源消耗比较高，且共识达成的周期较长。

2. 权益证明（Proof of Stake，POS）。权益证明是让网络中拥有越多权益的节点有机会做更多的决定，这种机制的假设前提是权益持有人更倾向于维护网络利益且担心作恶后遭受惩罚。权益证明的实现方式很多，比较典型的是引入"币龄"概念的方式，即用币龄来计算权益。每个代币持有一天记为一个币天，完成一次记账后清空一定的币天。例如，在交易中，某人收到 10 个币，持有 10 天，则拥有 100 币天，如果花去 5 个币，则消耗掉 50 币天。权益证明算法不需要消耗大量资源，并在一定程度上缩短了确认时间，不过仍然需要"挖矿"。

3. 股份授权证明（Delegated Proof of Stake，DPOS）。股份授权证明是基于权益证明发展而来的。股份授权证明能够让每个节点首先通过权益选举出 n 个记账节点，类似于公司中的董事会制度，后续提案由这些被选中的节点轮流处理。股份授权证明理论上不要求选出的代表个体本身是权益所有人，看起来更民主、更开放。如果选出的代表不作为（轮到自己记账时不记账），或者作恶，可以把他们踢掉，如有必要则进行惩罚（选民们也有可能被惩罚）。股份授权证明机制大大提高了效率，但是减少了记账节点的规模，属于弱中心化。

4. 瑞波协议共识算法（Ripple Protocol Consensus Algorithm，RPCA）。瑞波协议共识算法使得一组节点能够基于特殊信任节点达成共识。在瑞波网络中，每个服务节点都会维护一个信任节点列表且认为信任列表中的节点不会联合起来作弊。在共识过程中，各个需要共识的交易只接受来自信任节点列表中节点的投票，只有超过一定阈值后才能达成共识。瑞波协议共识算法比较高效，但是同样属于弱中心化且防攻击能力比较弱。

5. 实用拜占庭容错算法（Practical Byzantine Fault Tolerance，PBFT）。实用拜占庭容错算法是一种基于消息传递的一致性算法。该算法经过预准备（Pre-prepare）、准备（Prepare）和确认（Commit）三个阶段达成一致。这些阶段可能因为失败而重复进行。实用拜占庭容错算法信息在节点之间互相交换后，各节点列出所有得到的信息，最后以大多数的结果作为解决方法。该算法通过投票达成共识，可以很好地解决分叉的问题，同时提升网络效率，在保证灵活性和安全性的前提下最大允许 (n-1)/3 故障节点的容错性，但是可扩展性相对较差。

6.Paxos 算法。Paxos 算法的基本思想是让分布式系统节点按照少数服从多数的方式，最终达成一致意见。Paxos 算法的节点角色分为提议者（Proposer）与决策者（Acceptor）。提议者提出提案，提案信息包括提案编号和提议的值；决策者收到提案后可以接受提案，若提案获得多数决策者接受，则称该提案被批准。提议者先从大多数决策者那里学习提案的最新内容，然后根据学习到的编号最大的提案内容组成新的提案提交，如果提案获得大多数决策者的投票通过就意味着提案被通过。Paxos 算法的性能较高，但是不允许恶意节点存在，所以容错性较差。

7.Raft 算法。Raft 算法是对 Paxos 算法的一种简单实现，包括三个角色：领袖（Leader）、群众（Follower）、候选人（Candidate）。Raft 机制可以理解成从全网选出一个记账者，如果它稳定运行没有挂掉，就由这个节点记账，全网无条件接受它的记账结果，相信它是诚实的。假如这个节点挂掉了，那么其他节点可以通过超时或网络探测感知，然后快速启动一轮投票，来选出一个新的记账节点,然后继续无条件地等它记账,这样就达成了容错性。这种算法在信任度较高的分布式系统中的应用比实用拜占庭容错算法更加高效,因为不需要多步的反复确认,受网络影响的可能性也小很多。Raft算法强调可用性和最终一致性,效率非常高,但是防欺诈性通常只能事后检查。

说完共识制度,我们讲一下共识货币的概念:

招聘任何一个人,哪怕刚毕业的大学生来实习,你都得付对方工资,即使志愿者也要支付补贴。但万一老板赖账不发工资怎么办?区块链就解决了这个问题,它让大家一起来记账,即全民记账。比特币创始人中本聪很聪明,他发明了 Token 这个概念。Token 可以有两种翻译,一种叫通证,一种翻译成代币。什么叫代币呢?就是一旦你完成了一个任务,又多又好的时候,就可以产生一个比特币,也就是说你就挖到矿了。那挖到矿之后大家都认可了,意味着这件事干完了,接下来你可以再干另外一件事。

中本聪设想得非常巧妙,你在区块链上的贡献,没有采用发工资的方式补偿,发的是一种代币,就好像打麻将的时候,给你发的一张扑克牌。所以说,比特币是对现有财富结构的一种颠覆,随着价值的提升,它日渐被越来越多地视为一种货币。

世界通用储备货币黄金

黄金是世界各国通用的储备货币，也是规避通货膨胀的常用投资工具。布雷顿森林体系崩溃之前，一个国家发行货币的数量取决于其黄金储备量。什么是货币？我们学政治经济学的时候，有一句话简明扼要地阐述了货币和黄金的关系——货币天然是黄金，黄金天然不是货币。什么意思呢？要能成为货币，必须有稳定、贵重、稀缺、易分割的特点……所以，黄金比贝壳更能让人类达成货币共识。当经济进一步发展后，货币要寻找一种更轻便的代币。于是，纸币出现了，一张纸上面标示着价格，有的写着五毛，有的写着一块，有的写着一百，其实这跟它的印刷成本没有关系，而是跟符号学有关系。

为什么老百姓都在使用纸币，要信这个符号呢？因为纸币是国家发行的、强制使用的财富符号。以前的财富标识是什么呢？可能是一群羊，你家里有多少只羊，就代表有多少财富。有的原始部落采用猪、牛做货币进行交易。但是这种交易的代币，能成为硬通货吗？如果猪、牛、羊是货币，你的活动半径会有问题。你总不能赶着一群牛到城里去交易吧。

所以货币天然地要寻找黄金这种贵金属，黄金的属性就是稀缺、密度高、容易分割。当然，黄金能作为货币，最关键的原因还在于大家形成了共识，大家都认可这个

马克思纪念纸币

金灿灿的东西,你拿出来送给谁谁都喜欢。

我们经常说的邮票和纪念纸币也是一种共识。2018年是马克思诞生200周年,为了纪念这位伟大的哲学家、革命家,在马克思的故乡——德国特里尔市,推出了印有马克思肖像的零欧元纪念纸币。这款面值零欧元的纪念币,由欧洲中央银行批准发行,第一版限量印刷的5 000张很快被售罄。不单是在实体店,在拍卖网站Ebay上也是奇货可居,价格已经翻了十几倍。零欧元也能卖出高价,显然这是一种典型的价值共识。

在比特币风靡全球时,有人提出比特币就是数字黄金,这个说法关键看大家是否认可,有了共识也就有了价值。长期来看,作为仅有2 100万枚的数字货币,比特币的价格为什么会涨,就是源于它的稀缺性。尽管这中间价格起伏很大,但比特币已成为数字货币最大的共识。

变天账和全民记账

每个人都可以记账,分布式账本技术是整个区块链最核心的东西。说到记账,中国有三大会计学院:北京国家会计学院、上海国家会计学院、厦门国家会计学院,都直属财政部。当时创立的时候,是国务院总理朱镕基

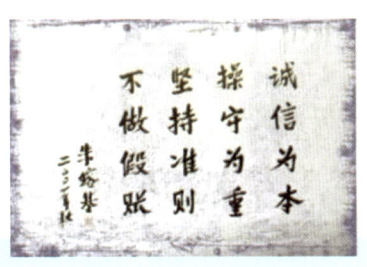

时任国务院总理朱镕基的题词

亲自题的词。很多人知道,朱总理给自己立的规矩是不题字,但他却对中国新成立的三个国家会计学院破了例,他亲笔题写的校训是——"不做假账",可见做假账是当时中国经济大总管的心头之痛。

对于会计来说,不做假账,这不是基本要求吗?但是其实我们都知道,要求每一个会计都不做假账,是很难达到的。说到会计做账,网上有个段子流传甚广:

有人去应聘会计。这个老板是怎么招会计呢?出个很简单的题,问1+1等于几。你想想1+1谁都知道啊!1+1肯定等于2。结果这个人没被录取,老板说你太死板,1+1等于2,意思是你这个账本都没有调账的可能,这个人不能用。

第二个又去面试,问1+1等于几,他想考1+1,这肯定不是真正的命题,然后随口说1+1等于3。结果也没有被录取:连1+1等于几都不知道,还来面试会计。

第三个学聪明了,老板一问 1+1 等于几,这个应聘会计的人回答:"您说等于几就等于几。"最后他被录用了。

为什么人类社会出现了会计这样的分工?本质上是因为经济管理中,企业所有者与企业经营者因账目而引发信任问题,会计做账就是增加一道防火墙。但会计毕竟是商业活动中的成员,不可能完全独立,所以才出现做假账的问题。

权力可能导致腐败,绝对的权力可能导致绝对的腐败。哪怕是美国纳斯达克的主席,也做假账,最终因欺诈罪锒铛入狱被判 150 年监禁。

2009 年 6 月 29 日,世界金融史上最大的金融欺

纳斯达克交易所前主席伯纳德·麦道夫

诈案主犯伯纳德·麦道夫被纽约南区联邦法院判处150年监禁，此时的麦道夫71岁，这一判决意味着他将在监狱里度过余生。麦道夫诈骗案涉及金额超过600亿美元，为世界金融史上最大的"庞氏骗局"。麦道夫的公司内至少有4800个投资者账户，这些受骗的投资者中有阿拉伯的王子、英国的皇室成员，还有诺贝尔奖得主。全世界最著名的金融机构也都被麦道夫骗过，如汇丰银行、瑞士银行、皇家苏格兰银行等，都成了麦道夫"庞氏骗局"案的牺牲品。当时受牵累的公司也包括数家中国知名公司。

我们以前说变天账，就是每个人心中都记着一本账，但是这个账能对上吗？对不上。为什么？因为每个人做的都是自己的、个人的、中心化的记账，只记对自己有利的账。有人说了，你给老婆买菜的钱，你让她记个账试试！可能她的化妆品都是从买菜的钱里抠出来的。

现代商业体系中，奉行谁的系统谁来记账，微信的账本就是腾讯在记，淘宝的账本就是阿里在记。但现在区块链系统中的每个人都可以有机会参与记账。在一定时间段内如果有任何数据变化，系统中每个人都可以来进行记账，系统会评判这段时间内记账最快最好的人，把他记录的内容写到账本，并将这段时间内的账本内容发给系统内所有的其他人进行备份。这样系统中的每个人都有了一份完整的账本。区块链采用全民记账的方式，每个人都有权记账，这样就把作弊的风险降到了最低。

区块链是通过去中心化和去中心化信任的方式集体维护一个可靠数据库的技术方案，在牺牲一点效率的情况下，获得极大的安全性。区块链世界中，首先没有一本中央大账本了，所以无法摧毁。每个节点都仅仅是系统的一部分，每个节点权力相当，都有着一模一样的账本，摧毁部分节点对系统一点都没有影响；其次，无法作弊，除非你能控制系统内大多数人的电脑并进行修改，否则系统会参照多数人的意见来决定什么才是真实的结果，这样会发现修改自己的账本完全没有意义（因为别人不承认）；最后，由于没有中心化的中介机构存在，所有的东西都通过预先设定的程序自动运行，不仅能够大大降低成本，也能提高效率。由于每个人都有相同的账本，这样就确保了账本记录过程是公开透明的。

分布式账本的特点就是人人都在记账，每个人都不需要经过任何机构或个人的批准。在这个账本上开自己的密码和账户，账户开设后就可以不依靠任何金融中介完成价值物的支付、交易和汇兑。这就是一个典型的点对点价值交换的分布式账本。

正所谓"人防不如技防"，与其相信人，不如相信技术。区块链时代，人人心中都有一本账，每个人都不能随意更改账本。区块链的去中心化信任，会应用到社会各个领域，以后想要做假账几乎不可能。

从股改到链改，从上市到上链

商业社会的发展，就是公司和组织的价值不断凸显的过程，也是从利益平衡到利益共享的过程。

荷兰东印度公司，是世界第一家股份制公司。东印度公司在历史上赫赫有名，为了便于自己开拓全球市场、分散经营风险，具有民主精神和契约精神的股份制商业结构被荷兰人率先创立。这种商业模式被英国东印度公司效法并后来居上，两者都对中国近代历史产生了深远的影响。

东印度公司开创了人类商业史上的"股改"。股改，顾名思义就是股份制改革，最大的特点就是明确产权。在中国 40 年改革开放进程中，股改对建立现代企业制度至关重要。

股改是对公司治理结构的完善。在资本的助推下，公司的发展会迅速改变。但股改后也会有负面效应，如：公司只对股东负责，股权分散导致内部人控制等问题；公司也会被资本的力量裹挟，影响企业发展，甚至蔓延成行业危机。"滴滴打车"在连续发生恶性刑事案件后坦承:"公司在短短几年里靠着激进的业务策略和资本的力量一路狂奔。"

从股改到链改,从上市到上链,一种全新的商业机制正在酝酿完善。

什么是链改?链改,就是运用区块链思维,采用区块链分布式技术,通过发放 Token,整合产业链上下游资源,连接生产者、销售者和消费者实现利益共享的商业机制。链改会让公司和产业链的价值同步放大。

链改会将生产者、销售者、消费者三体合一。以可口可乐为例,在传统商业中,你喝再多的可口可乐,这家全球饮料巨头和你的关系都不大。而一经链改,你喝的每一瓶可乐都会跟你有关系。交易即挖矿,消费即投资,用户即股东,广告即分红……链改可以实现产业链各个环节的整合。

链改可以让企业的整个产业链形成命运共同体。链改的核心在于取得产业链共识,在内部发行"Token"或称"链券",将成为产业协作的"通证"。公司上市后,股票的涨跌往往受很多因素的干扰,不能准确反映公司的价值;而公司链改后,"人人为我,我为人人",每一个人都会成为利益共同体的节点。

链改带来的一个新商业机会,便是上链。从上市到上链，公开发行股票并不能保证一个公司的持久成功，世界上最早的股份制公司也已经倒闭，买股票的很多人也没有赚到钱。而上链通过运用区块链的技术，使企业资产数据金融化，采用智能合约打通各个环节，放大企业已有资源价值。比如买一瓶名酒，只要完成智能合约，即便它不交付到你的手里，它在流通过程中赚的钱就和你有关。再比如古董交易：古董产生的年代，出处来源，凝聚着哪些文史信息……这些一旦经区块链智能合约确认，就会流传有序，价值共享。

链改和上链会带来全新的商业场景：消费者可以购买 Token，分享公司的发展红利及收益；上下游企业也能购买 Token，直接抵扣货款或进行其他交易往来；产业链整合后，大家会共同监督产业各企业的发展，并维护 Token 的稳定。链改到位后，就可以启动上链，这样就会有更多的消费者和公司加入，生产要素和资源便能实现最大化的配置和组合。而且上链之后，Token 的价值也会不断提升，而且能共同分享 Token 的升值。

在转型升级过程中，区块链的最大价值在于提供新的经济发展动能。从第一产业到第四产业，从工业、服务业到知识信息产业，从矿山到餐饮，从版权到艺术，所有行业都可以上链，甚至企业的固定资产和知识资产都可以上链。资产的登记、交易、结算等环节都可以在区块链上完成。

传统商业模式中，只有少数企业可以上市，甚至必须是精英企业。但区块链真正做到了让所有的企业可以上链。上链之后，企业就有了新的商业价值：从股改到链改，公司一成立就能上链，用大家的钱办企业的事，人人可以享受收益。拿艺术品上链来说，艺术家花了一辈子的心血，其实很多作品都在仓库里，为什么说凡·高是穷死的，毕加索是富死的？因为毕加索懂得随时"上链"，让自己的作品尽快变现。

未来，万物皆可上链，这是一种全新的商业思维。区块链让一切资产都可以数字化、token化，链改和上链让每个人成为企业发展的参与者、贡献者和获利者。

链改是一种面向未来的商业模式，在让公司更值钱的同时，还能实现财富的转轨。在经营的过程中，公司的规模、营收、利润，一旦上链，就意味着开拓了新的商业空间。

股改和IPO（首次公开募股）让公司有价值，链改和上链则让公司和行业的价值同步放大。从股改到链改，从上市到上链，我们即将迎来一个人人共创价值、共享增值的时代。

第四章
分布式商业与自律型社会

分布式商业崛起

我们生活在一个中心化的世界里：当你上网买东西时，你的钱不是交给了卖家，而是交给了支付宝；你在微信的公众号上发文章，也不是发给了朋友圈里的大众，而是发给了微信的审核员。我们身处的环境，中心化无处不在。

但区块链来临时，每个人都在讲颠覆，区块链真的能颠覆中心化吗？从单纯的字面上讲，"去中心化"这个词在翻译上有点问题，我们不妨把它理解成"弱中心化"，或者叫分布式。有一些观点认为，区块链的"去中心化"是一种过程，而不是结果，公平和效率始终是一对矛盾体，区块链只是找到最优的方式，而无法直接消弭两者的间隙。

什么叫分布式？分布式意即出现了多元化的中心，就是有很多中心，但这些中心是分布式呈现的。当公平和效率互相博弈时，分布式社会、分布式商业会成为区块链的未来。区块链的去中心化和传统的中心化的方式是不同的，它颠覆了中心化世界，在这个世界里人人都可以成为一个中心。

以太坊被称为区块链的 2.0 版本，以太坊建立了一个平台提供各种模块，让用户来搭建应用。如果将搭建应用比作造房子，那么以太坊就是提供了墙面、墙顶、地板等模块，用户只需要像搭积木一样把房子搭起来。因此在以太坊上建立应用的成本会降低，速度会大大地提升。

中心化社会

分布式未来就是让每个人都成为一个新的中心，也就是区块链去中心的过程，就是一个人人中心化的过程。随着区块链的发展，一种全新的商业模式正在上升，新的组织结构也正在起航——分布式商业开始出现。在分布式商业模式中，各个参与方能够在公开透明的基础上开展合作，并按各自的贡献来获得收益。所以，未来很多组织都将弱化，公司这种形态也可能消亡，而每个人真正地实现SOHO（家居）式的办公，在家就可以办公，每个人都成为一个节点。

分布式商业思想有三大特点，第一个就是个体的确认权。比如说结婚是非常隐私的，也是个人的事情，但是确定婚姻的有效却不是两个人说了算，而要到民政局去登记。但在区块链的社会，两个人结婚完全是两个人说了算，只需要形成一个区块链的数据，这个数据在任何时候都不会更改，你也不需要再拿着结婚证去办各种各样的手续，因为一切都作出了区块链的公证。区块链时代更不需要证明"你妈是你妈"，因为你可以证明你自己的一切。

分布式商业思想的第二个特点就是行为证券化。现在很多人不敢扶老人过马路，但是在区块链社会，所有的行为就像考古记录一样，你做的任何好事坏事，都能留下有时间戳的数据包，而且与互联网时代在网上的留言、评论不同,区块链的记录更加全面。在区块链社会中,每个人的行为都将证券化,像上市公司一样透明。

分布式商业思想的第三个特点就是智能合约。公司之间谈合作项目,往往会遇到各种问题,谁先完成项目谁先付款,发了货却没有收到款项,完成了工作得不到报酬……但是在区块链社会,这一切都会形成智能合约。智能合约的特点就是只要工作要约一完成,就会自动触发付款。

智慧城市里光伏面板覆盖屋顶

分布式商业思想将会催生各种各样的分布式商业行为。在传统社会里,我们最怕的是大停电,因为我们用的都是中心电网,但如果我们用的是分布式电力应用,每一个用户都可以自己生产电能,这样就避免了中心式电网可能会造成的大停电。所以分布式商业是未来的一个商业机会。Power Ledger 是澳大利亚的一个太阳能电力交易系统，这个系统可以为电能的生产者和使用者建立直接的联系，并进行交易。这就是一种分布式电力的区块链应用，在这个交易平台上，用户可以直接将剩余的电能卖给其他用户，还可以互相议价。这样一来，电能的生产者获得了更大的收益，电能消费者也获得了更低的用电价格，两全其美，还消除了很多隐患。

在互联网中我们经常会得到一些数据上的激励，比如滴滴打车需要给师傅星级的好评，而这些好评是数据上的奖励。但这些在互联网中就只是数据，没有变成资产。消费资本论告诉我们，在区块链社会，你消费得越多，你获得的资产也越多。当然消费需要正向的，如果你在区块链社会经常失约的话，那你得到的可能是负资产。

当激励和收益的链条逐步打通后，分布式商业将崛起成为新的经济模式。

从 Airbnb 到 Dairbnb

APP 大家已经耳熟能详，谁的手机里没有几个 APP 呢，连大妈大爷的手机里面现在都有各种各样的 APP。APP 的英文即 Application，指计算机应用软件。

在方寸大小的手机上，各种智能软件将你和世界紧密连接起来。

微信是中国第一个月活跃用户超 10 亿户的产品，是当之无愧的社交巨头，微信几乎渗透到人们生活的每个角落。在过去几年中，APP 经济的兴起改变了人们很多的生活习惯，从点外卖、看电影、打车到网购、社交、办公等等，可以说一机在手，吃穿住行都不愁。但是这种情况也形成了新的垄断巨头，比方说买东西，你要上京东、上阿里的淘宝和天猫；你要是点餐要上饿了么；看电影，你就要去看各种各样的购票网站。

在区块链的 DAPP 时代，将出现新的互联网颠覆，这些 JBAT（J 指京东，B 指百度，A 指阿里巴巴，T 指腾讯）互联网大佬会迎来新的挑战对手。

DAPP 就是区块链的一个未来应用。D 是 Decentralized，意即去中心化，也有人翻译成弱中心化。DAPP 就是一个弱中心化或去中心化的分布式应用软件。

不同的 DAPP 采用不同的底层区块链开发平台和共识机制，或者自行发布代币。DAPP 就是底层区块链平台生态上延伸出的各种分布式应用软件，也是区块链世界中的基础服务提供方。

DAPP 之于区块链就好比 APP 之于 iOS（苹果操作系统）和安卓。现在我们在网上发表一篇文章，发表一个观点，需要通过腾讯的平台或门户网站的自媒体。一款好的 APP 软件，需要通过 APP Store 等应用商城，才能发布上线，如果你没有通过审核，这个 APP 就可能胎死腹中。这么来看，智能手机也形成了新的垄断，比如苹果因为自己系统的封闭性，在 APP Store 规则的制定上往往非常强势。

但在区块链时代，任何人都可以点对点、一对一或者一对多地发布自己的东西，每个人对自己的产品负责，对自己发布的信息负责，没有人来审核你。现在是腾讯或者今日头条这些自媒体平台来判定你是不是发布了虚假信息。但在数字世界里，DAPP 的一切行为都由每个人来判定，人人赋权，人人自律，人人监督，每一个人也都可以断定别人是不是发布了虚假信息。如果你发布的虚假信息过多，你的信任就会被打上问号，那么你在这个社区里就失去了发言权。

乔布斯为什么伟大？因为乔布斯的苹果手机不仅仅是一部手机，他通过苹果手机建立了一个移动互联网生态圈。为什么很多人离不开苹果电脑？苹果电脑最赚钱的不是卖电脑，而是它的 APP Store——每个人都可以开发自己的应用、聚合粉丝、发布新闻、进行互动，这是一个典型的中心化应用。

早在 1983 年，史蒂夫·乔布斯就谈论过 APP 的商

史蒂夫·乔布斯

业模式。APP Store 形成了新的集权。大家都在这个平台上开发自己的软件,但苹果拥有最终审核权,而且雁过拔毛,这让苹果赚得盆满钵满,APP Store 控制了流量。所以苹果正在形成一种巨大的垄断,加上苹果政策不完全透明,很多 APP 开发者也有苦难言。拿内容付费举例,倘若大家要付费听我的区块链财富课,付费的收益首先要被 APP 剥去一道流量费用,然后是平台方进行分成,加上一系列提现要求,最后主讲人获得的收益和用户支付的金额差距很大。再比如,当你看微信公众号文章时,觉得写得很好,你要打赏,这个时候苹果就要分成。"此树是我栽,此路是我开,要想从此过,留下买路财。"与剪径打劫的"绿林好汉"有相似之处,不过苹果似乎做得更加理直气壮。

而 DAPP 的优势在于区块链特有的数据确权、价值传递,DAPP 在用户认证流程变更、交易安全,行业生产关系变更、减少运维成本、降低技术开发成本等方面具有较大的优势,而且大幅度提升了用户的体验。

当前 DAPP 最流行的开发平台就是以太坊,它允许任何人在平台中建立和使用通过区块链技术运用的分布式应用。在没有以太坊之前,开发区块链应用是这样的:拷贝一份比特币代码,然后去改变底层代码,如加密算法、共识机制、网络协议等等。以太坊平台对底层的区块链技术进行了封装,让区块链应用开发者可以直接基于以太坊平台进行开发。开发者需要专注于应用本身的开发,从而大大降低了 DAPP 应用的开发难度。目前围绕以太坊已经形成了一个较为完善的开发生态圈,有社区的支持,有很多开发框架、工具可以选择。

当前市面上的区块链 DAPP 主要应用有很多类,一类是手机挖矿,一类是区块链游戏——当前以太坊最火的应用软件就是游戏。在未来我们或许只需要一款 DAPP 就可以搞定很多基于信任价值的合作和交易,

DAPP将包含你大部分的重要数字资产，包括你的个人信用、银行存款、消费情况、朋友关系等等。在未来，DAPP是你畅行区块链世界的通行证。有了它，你可以在区块链世界无数的服务机构间兑换无数的资源，没有时间和空间的限制，你的财富和社交真正地跟着你走。DAPP成了打破时间和空间距离，打破现有商业藩篱的新物种，这相当于为每一个草根提供了挑战马云和马化腾的机会。

区块链时代的分布式商业将会形成一个新的商业游戏规则，会出现新的Uber（优步），新的Airbnb（爱彼迎，一家联系旅游者和房屋出租者的服务型网站），新的淘宝，新的京东，新的滴滴打车。所以区块链时代的分布式商业将会创造新的财富机制。随着区块链技术的不断成熟，潜在的使用案例会越来越多，将广泛地影响知识产权保护、供应链管理、公共管理、公益等各个领域。一方面区块链将优化各行业的业务流程，降低运营成本，提升透明度和协同效率；另一方面区块链的诸多案例也已经显示了与传统行业运行范式的区别。区块链时代的分布式商业将带来一个全新的世界，而且也会带来全新的财富机会。

下一个互联网时代的巨子在哪？

DAPP正显现出新的曙光。

共享经济与创意集市

共享经济概念在 2015 年兴起，因为 Uber、Airbnb 等平台而被大众所熟知。后来，国内开始出现滴滴打车，共享单车摩拜、ofo（小黄车）等，共享成为一个火热的话题，以至于出现了共享充电宝、共享冰箱、共享 KTV、共享健身房等模式。

共享经济为什么能火？它得益于移动互联网的普及。移动互联网时代，人们可以通过手机网络随时随地将闲置资源的信息发布出去，通过各种平台，资源供

共享单车

求信息能够有效地实现对接，让资源缺乏者找到资源，而手中掌握闲置资源的人又能将资源共享出去，在实现资源利用时，也让自己获得额外的报酬。现在，只要你手中握有一个小小的智能手机，无论你身在何方，是在出差、旅行还是在家里，都可以通过手机APP完成交易。

但我们发现，不管是国内还是国外，共享经济正在失去曾经的光环，关于共享经济是租赁经济的争议也日渐激烈。当共享单车堆积成山的时候，很多人才缓过神来：现在的共享经济遇到了发展模式的问题，摩拜、ofo等共享商业模式其实和"共享"关系不大，它们之所以成功，反倒是因为聚合了资源或者是生产了新的资源，已有的自行车资源并没有被共享，反而是生产了数以百万计的新自行车。如同滴滴那样，社会上的车辆不是减少了，而是更多了。

而且共享经济由于监管和平台审核的问题，陌生人之间的交付使用开始面临挑战，甚至还会出现生命危险。2018年5月5日晚上，一位空姐执飞完后，在空港区通过滴滴叫了一辆车赶往市里，结果惨遭司机杀害。事隔不到四个月，同样的悲剧于8月24日再次发生，温州乐清的一个女孩被滴滴顺风车司机强奸杀害。聚合资源后的网约车平台，出现了很大的监管问题。打车的人会发现，司机和车辆经常出现人车不一致的情

智能手机时代

况,媒体披露甚至有些有未处理的性骚扰投诉记录的司机还能接单。

  共享面临的最新问题是商业模式难以为继。本质上来看,这波所谓的"共享经济"热潮,正好与移动互联网浪潮契合,准确地使用了LBS(基于位置的服务)定位、支付等互联网基础设施,在人手一部智能手机的时代,迅速成长为新经济的独角兽。但当押金为0时,共享单车企业活下来将很难;当滴滴补贴减少时,加上政策监管加码,打车难又重新进入人们的视野:很多城市已纷纷出现打车难的状况,以往手机下单立刻就会有司机接单,现在却变成了下单后页面显示正在排队,有网友曾发微博晒出了截图，说"滴滴打车排队167人是怎样的体验？"。

怎么解决共享经济难题？如何实现真正的共享经济？答案就是区块链。

可以想象，未来的滴滴打车，不再是一个中心化的平台，而是利用分布式技术实现的协作组织。如果你要打车，一款区块链打车应用就会搜索区块链上所有的可用车辆，并将符合乘客要求的车辆过滤后显示出来，而且大家还可以实时看到以往乘客对司机的评价，包括司机本人真实的信息，这样就会一定程度上避免空姐遇害、司机打人等恶性事件发生。

区块链时代，我们不再需要一个中心化的平台来撮合交易，乘客自己就可以与司机直接对接。这与现在的滴滴司机和出租车司机之争完全不同，区块链不会让出租车司机失业，也不会让更多新车盲目加入到司机队伍中，它会让现有的司机直接为乘客服务，提高存量市场的效率，实现真正的共享经济。2018年，快的创始人陈伟星宣布要用区块链技术重新进入打车市场，也许被滴滴收购的快的，将通过"打车链"实现翻身。

而且，区块链时代最令人兴奋的是，没有司机人们也能打到车。当无人驾驶汽车成为稀松平常的事物时，所有的车辆通过区块链连接彼此，区块链+物联网的应用，可以让汽车实现自己前往加油站或加气站补充燃料，可以自己完成维修并付款，如果收到用户订单，可以自行前往，直接为乘客提供服务。这个时候就从根本上隔离了对陌生人的接触，性别歧视、种族歧视、意外伤害的概率几乎为零。当然，区块链时代，每个人的信用都会被记录，人们也会更加自律。

既然实物资源可以用区块链实现共享，那智力资源也应该可以，一个新名词——创意集市诞生了。当前，互联网已经极大地降低了我们获取创意的成本，很多公司或项目都可以借助外部资源实现盈利，比如流行的威客文化。威客是指那些通过互联网把自己的智慧、知识、能力、经验转换成实际收益的人，他们分散在互联网的各个角落，通过兼职的方式改善生活，也改变企业运作的方式。在全球化背景下，众包的模式也将被广泛使用，一个公司或机构把过去由员工执行的工作任务，以自由自愿的形式外包给非特定的大众网络，通过互联网做产品开发、需求调研，以用户的真实感受为出发点，大部分工作都由一个个单独的个体承担。

在区块链时代，威客和众包的模式，将升级为创意集市，这一模式将彻底改变全球知识产权产业。区块链将把每一个智慧的个体相连接，充分发挥个体改变人类创造方式和创造价值的潜力：针对某项具体的工作或需求，如果你有创意想法，可以率先提出并获得奖励，企业管理优化或产品创新获得的未来收益，将来也可以与你分享；如果你的想法是抄袭的，平台会通过区块链搜索识别并确认，这样通过技术的手段保证每个人的创意是独一无二的。一旦你的创意在集市上获得首肯，后续的使用都需支付相应的费用，在区块链上，你将永久拥有一个创意的名字、描述，甚至艺术品的所有权。

在跨国企业中，宝洁 60% 的创新成果都是来自公司外部。更多的企业倾向于在全球范围内寻找解决方案，创意集市就是通过区块链技术把最好的大脑和创意集合在了一起。创意将会获得代币奖励，个人将会持续参与到企业或产品的演变中。创意集市的产生，将会让无数想法变成现实，这无疑值得憧憬和期待。

未来的投资组合中，将出现"知识产权投资组合"，通过区块链技术，创意者、发明者可以与投资者建立联系，你的想法和创意将是投资的标的，而商用将会使投资变现。区块链时代，创意集市甚至会成为 GDP 的一部分，大脑里的"石油"将会显现更大的价值。

自律型社会：从社群到自组织

人在社会中要他律，所以才有各种规章制度：你要开车，国家就制定了交通规则，而且用红绿灯来约束你，闯红灯的后果是非常严重的，不仅要扣分罚款，严重的甚至吊销你的驾照。中国人常言道德自律、以德治国，所谓"君子不欺暗室"，当天知、地知、你知、我知的时候，一定要戒忍、自律。但自律的效果不如他律，权力是自律的天敌，人是受律法约束的一种动物，人总有犯规的冲动，很少有司机敢说自己没有违反过交通规则。

但是区块链却带来一种全新的革命，因为它带来的是一种分布式的自律型社会。现在到公司来上班，你要

海星的智能式分布

去打卡，很多人感觉公司还要监控你，看你干了多少活，有的是计时，有的是计件。但是，未来的区块链社会却是一种完全自主自律的社会，就像我们所说的互联网共产主义，人们各尽所能、各取所需。

有本书叫《海星模式》，它讲了一个蜘蛛和海星的故事：传统社会组织如同蜘蛛，它的智力集中在大脑，如果你把蜘蛛的头去掉，蜘蛛就会死亡；而分布式自治组织如同海星，海星没有头，它的智能分布在身体各处，一旦你打掉它身体的一部分，它还可能自己再长成一个新的海星。所以杀死海星比杀死蜘蛛要困难得多，因为海星不断在分裂。

当初西班牙人入侵南美洲，非常轻易地就征服了阿兹特克帝国和印加帝国，这两个帝国在当时创造了不可一世的辉煌的文明，它们都是蜘蛛式的组织结构，或者叫金字塔式的组织结构：权力集中在威严的皇上、酋长、最高统治者手中。但这样的问题就是：中央政府一倒台，全国就会立即崩溃。

可是当西班牙人打到北美洲，面对更加落后的阿帕奇族的时候，却打不下去了。因为阿帕奇族是个海星式组织，没有统一的领导人，各部落在政治上是一个非常松散的联盟，阿帕奇的英雄并不直接指挥调动大军，他们只是作为战斗榜样从精神上去感召别人，这样即便有几个部落被击溃，剩下的族人依然能继续战斗，根本谈不上擒"贼"先擒王。最终的结果是阿帕奇族人跟白人抗争了几百年。

海星和蜘蛛分别代表了现实世界中去中心化和中心化的两种组织形态。海星型组织在遇到挫折和冲突被分解的时候，其组织会变得更小更分散，继续发挥作用；而蜘蛛型组织在首脑被斩首以后，将无法运作。相比之下，海星型的去中心化组织更具有强大的生命力。

未来，随着去中心化的区块链技术的发展，智能合约将成为一个常态，并将演变出以机器人代替人类去执行事务的 DAO（去中心化自治组织）。

区块链自治组织所有的组织规则都蕴含在代码中。所谓"代码即法律"，评判是非曲直完全依据代码所表达的意义。在很多场合，特别是在与现实社会中的道德准则发生碰撞时，难题就会出现。从某种角度来看，区块链自治组织就像一个全自动的机器人，它全部的程序设定完成后，就会按照既定的规则开始运作。在运作的过程中，还可以根据实际情况不断地自我维护和升级。

区块链每秒都发生着全球化的点对点支付、交易和汇兑。但这个网络没有任何的股东、董事会、管理层、员工，也没有营业场所、办公地点、资金或任何资产，

谷歌无人驾驶汽车

但是却没有出现过一笔错账,整个系统也没有出现过一秒钟的宕机。在这个系统上,系统可以自动发行数字货币作为激励,并结合以博弈论为理论基础的共识算法,构建一套新的治理机制。人们为比特币、区块链付出劳动,他们就能获得比特币作为报酬,这就是自我循环的激励机制。所以从分布式商业到自组织,再到自律式的社会,这一切都是靠系统自动触发的。

事实上,区块链自治组织的形态非常广泛,它可能是某种数字货币,也可能是一个系统或者机构,甚至可能是无人驾驶汽车。它的形态还可以与现行的公司对比,在未来的工作中,最可怕的也许就是传统的、层次化的组织架构：在顶端有 CEO（首席执行官），中间有管理团队，最后是各种各样忙忙碌碌的小职员。这样的工作效率和区块链自治组织是没法比的：我们可以集体作出决定，并且无需领导进行对组织的管理；我们能够解决问题并且超乎想象地大幅提高生产力。这样的未来，是不是非常值得我们渴盼？这就是区块链自治组织的潜在能量和期望。一个去中心化自治组织将协作和集体做决定作为核心，人们相互支持，共同管理项目，并且最好的方案会在团队成员协作过程中获得，而不是通过自上而下的等级管理结构。

人们的行为在区块链世界可以变成资产，可以被记录，你帮别人转发文章，平台就会遵守智能合约，自动地返给你一个币，你做的所有好事都会得到及时奖励。区块链时代不会亏待好人，雷锋会成为富翁，分布式社会将是一个人人向善、施善的社会。

区块链是基于点对点的分布式网络构建而成的，因此这是一个对等网络，在这个网络上的每个节点都享有获得信息的权利，完全对等。在信息完全对等的基础上，不需要董事会和管理层。每个人点对点作出决策，大家共同在网上用一套算法获得共识，决定该干什么、不该干什么。区块链技术是一种颠覆，人人都可以控制自己的节点。过去我们讲人皆可为舜尧——每个人都可以成为圣人。中国的神话里头讲，每个人都可以成仙，佛教里讲放下屠刀，立地成佛。区块链是真正的颠覆，如果它能应用在社会生活各个方面，监管最后会变成多余的，因为实现了人人监管所有人，所以人人被所有人监管，这就是民主的真谛，一个自律型的社会也就会由此而形成。

区块链自治组织是一种全新的机构形态，在区块链技术上，不受任何个人的控制，拥有明确的目标，能够自己进化和发展。这样的分布式自律型的社会，将会给我们的社会形态带来巨大的变革。

这个时候中心化的信任就不需要了，可能工商局也不需要。每个人都是一个行走的公司，每个人都可以提供对价，甚至每个人都可以发行自己的货币。

一个只生活在农村的人，需要很少的共识：大家一个村里头，按照各自的方式生产生活，早上起来去耕地，不想干了就可以任地里的草疯长，即便比邻居家的日子过得差一点，也照样能生活。但是一旦有了公司，有了工厂，共识就在改变。当惠普发明了打卡机，开始支持身份识别，公司就要求人人打卡，大家一起来上班，遵守一样的行为规范，甚至要求你着装都要统一，然后我们就变成了物质的奴隶，过着无差别的生活。

自律型社会会形成新的共识。首先是财富的共识，

移动支付是一种信用共识

财富不仅仅是指政府发行的货币,每个人每天的工作、积累的信用都是一种财富。中国现在也在建一个信用社会,你要贷款买东西,要看你的信用是多少。但是我们发现信用之间是不能互换的,你在微信上建立的信用是不可能被支付宝所承认的,这就出现了数据孤岛,以致山头林立。所以需要新的财富共识,需要人与人之间可以实现直接交易。

其次是信用共识,即人和人之间的信任,再也不需要第三方。比如说一男一女要结婚,需要去政府登记。为什么全世界的年轻人都喜欢到拉斯维加斯去结婚?

因为它的认证过程非常简单,你只要在神父面前说你没结婚,他没结婚,好,你们俩就结婚了。但是它的法律效应也是最低的,有的国家甚至不承认拉斯维加斯颁发的结婚证。未来区块链社会,每个人的信用都是你自己的,所谓出来混总是要还的。为什么以前这样的共识社会建立不起来呢?因为没有技术支撑!

区块链社会靠自律,自律的背后是全透明监督,人和人的及时监督。过去讲变天账,说每个人的账是不一样的,一对账就对出问题来,打麻将赢的人和输的人的钱很难对上,但是区块链社会不是这样,因为每个人都在记账,而且是不可更改的。当每个人从小就接受这种共识教育时,一旦你作假,你的账本和别人的账本对不上,你就会被人类社会踢出去。

所以说,一个自律型社会的形成,必然需要区块链共识,不仅是财富共识,还有一种信用共识,最后达到信仰共识的层面。那个时候,大家好像真正地生活在一个乡村里,里面都是熟人,每个人靠信任和信誉积分生存,也将真正出现道不拾遗、夜不闭户的景象。

管理革命:区块链为每一个人赋能

互联网最大的好处,就是扩展了人的社交半径,而且让人可以在网上进行虚拟的交易。而区块链技术带来的分布式管理，是对我们未来的改变，将对社会形态产生一次全新的革命。

什么叫管理？很多人说管理就是组织他人完成工作的艺术。原始社会里，自从出现了狩猎行为，就需要管理：毕竟一个人是难以打败一只老虎的，需要集体协作。当智人们一拥而上时，尤其是发明了弓箭与铁器后，地球上就没有任何一个动物是人的对手了。人和动物最大的区别，就是人类会分工协作。

但是人有一个本性，即每个人都会偷懒。IBM的老板认为，对于一个领导人来说，所谓的管理就是监督检查，你布置了一个工作，你的下属不会做你希望做的事，只有你监督检查，这个工作才能完成。所以就有了公司制。公司把大家组织在一块，一起来完成工作。但是组织越庞大，管理的效率越低，一个人干10天能完成一个工作，但是10个人做一天，并不见得能够完成一件工作。这里头就会出现各种公司政治，大家互相扯皮、互相拖后腿等，所以就诞生了第一个管理理论，叫科学管理。

科学管理是美国管理学家弗里·温斯洛·泰勒发明的，形象地说就是把人在流水线上工作时多余的动作去掉，工作就好像整齐划一的团体操一样。所以管理的第一个结果就是把人当成机器来用。《摩登时代》是卓别林的经典电影，影片中卓别林把工业革命对人的异化表现得淋漓尽致：拿着一个拧螺丝的扳手，走到哪都要去拧一下，看到美女穿的衣服上的扣子，他都认为是螺丝都要去拧。一天八小时工作制，人成了生产线上的机器。

管理开始逐渐走向科层制，有了"官大一级压死人"的说法。西方管理学提出了金字塔理论，在公司有一个高高在上的 CEO，CEO 是董事会授权的，他下面有各种副总，然后有部门经理，然后又有经理，再下面还有负责各条生产线的车间主任，主任下面又管着几个工人。但在管理实践中，人们发现一个人再有本事也只能管好七个人。为什么人最多只能管七个人？有人说

卓别林经典电影《摩登时代》

上帝造人的时候，从周一到周日也就七天。所以任何一个国家实行长老制的时候，委员会不能超过七个人，有九个人就叫"九龙治水"，往往一塌糊涂，最后还是要到七个人，有的核心小组最多只要五个人。

但金字塔式的管理会出现公司政治：因人设事、互相扯皮、欺上瞒下。最后公司制的管理就变成效率最低的管理了。有一个笑话形象地描绘了职场生态：职场就好似一群猴子在拼命地往树上爬，如果你在下层向上看，看到的全是红色的屁股；如果你能爬到树顶，这时再往下看，全是别人的笑脸。还有一句话叫"瞒上不瞒下"，就是下面的人都听我的，大家团结一致应付上面。所以当权力介入管理时，就会产生异化。

管理大师德鲁克曾指出："组织最常见的病症，也就是最严重的病症，便是管理层次太多，组织结构上一项基本原则是，尽量减少管理层次，尽量形成一条最短的指挥链。"

进入互联网时代，人人围观所有人，互联网把一个金字塔式的社会变成了体育场式的社会，你可以拍别人，别人也可以拍你，每个人都可以传播自己的信息，每个人手里都有一个媒体。所以在管理上由原来的科层制变成了扁平化的小团队作战——每个人都有自己的管理，为自己负责。我曾经跟海尔董事局主席张瑞敏聊过，他说海尔现在已经彻底打破了科层制，海尔总部每年都举办"人单合一"的国际论坛，旨在探讨现代企业的管理。人单合一是什么？人，指员工；单，指用户价值；合一，指员工的价值实现与所创造的用户价值合一。人单合一就是让每个员工都直接面对用户，创造用户价值，并在为用户创造价值中实现自己的价值分享，员工不是从属于岗位，而是因用户而存在，有"单"才有"人"。其实，这就是一种微管理，大家就是一个群组，通过社群思维连接彼此。

如今，中国最基层的"干部"应该是群主，每天管理着几百号人。其实很多群主又非常独裁，一言不合就把你踢出去了。社群虽好，但也会形成群霸权。好在

李光斗对话张瑞敏

有区块链技术，它可以真正为每一个人赋能。

其实，中国改革开放就是一个不断给个人赋能的过程。1978年，当时10亿人口8亿农民，十一届三中全会后8亿农民终于可以为自己种地了，之前大家都是为人民公社工作。为集体劳作，无法完整体现个人价值，结果是大家一起聊天、喝水，每天挣点儿工分就行，最后变得饥肠辘辘，吃不饱饭。改革开放的家庭联产承包责任制，就是给农民确权和赋权，这才焕发了农民的生产激情。

前几年，有个词叫SOHO（家居办公），即Small Office，Home Office。办公室变小，人在家就可以办公，这一下子催生了很多自由职业者。我有一个预言：未来5年全球的公司形态都会发生变化。比如可能再也没有大型的设计公司了，每一个设计师都在家自己工作。到了区块链时代，每一个人都在为自己工作，超级个体就会诞生。

当然，这一形态的产生，需要区块链一系列共识的达成。首先需要信用共识。区块链是一个分布式的账本，这个账本里会记录你所有的行为，每一个数据都是相连的，如果你曾经高价卖过自己的产品或服务，但又没有产生良好的效益，你的信用就会受损，个体之间的协作也会受影响。信用共识保证了大家彼此互信，公开透明。其次是工作量共识。区块链技术可以记录你每天干了多少活，每一个工作量都会在区块链上得到证实，这样便于价值确认和工资发放。第三个便是权益共识，即你做的每一件事都会得到相应的回报，而且是即时的，类似博客的浏览量、微信公众号的阅读数，即时性反馈能最大限度释放每个人的能量。

以前的社会是金字塔型的；现在是一个蜂窝状的社会，但蜂窝状的社会还是中心化的，毕竟需要一个蜂王来指挥所有的工蜂；而区块链社会里，每一个人都是自己的蜂王，每一个人都是区块链的节点，每一个节点都对自己负责。所以区块链正在带来一场管理学的革命，甚至会引发社会形态的革命。

第五章
财富新趋势：数字资产

一夜暴富：比特币的疯狂

比特币的产生和一个神秘的人物相关。

2008年，一位自称"中本聪"的人在一个隐秘的密码学讨论小组发表观点，他的论文《比特币：一种点

比特币

对点的电子现金系统》首次提出比特币（Bitcoin）的概念。2009年，全球首款比特币算法软件被推出，比特币成为一种P2P形式的数字货币。在中本聪的构思中，它将运行在开源软件及P2P网络上，货币能够实现点对点的传输，这意味着一个去中心化的支付系统的诞生。比特币解决了数字货币在全世界流通、传输的问题，引发人们的广泛关注。

而比特币之所以从诞生之日起一路飞涨，关键在于其稀缺性。这和互联网已经存在的其他虚拟货币不同，比特币总量非常有限，仅有2 100万个。

在2010年，比特币一枚只要0.003美元，假如你在当年购买1万枚比特币，到2017年比特币价格的最高峰时，你将坐拥巨额财富。七年间，比特币价格翻了约600多万倍。比特币成了继互联网之后一夜暴富的新方式。

年轻的比特币富豪Erik Finman更是让全球成年人汗颜。Erik Finman 12岁时用从祖母那得到的数千美元投资比特币，现在来看至少价值400万美元。Erik Finman很快开了一家在线教育公司，成了一位年轻的CEO。

如今，Erik Finman已经辍学，这是他和父母的约定：18岁前赚到100万美元就不上大学，比特币帮他做到了。这位年纪轻轻的富豪如今有了新目标——他想做一个《蜘蛛侠》中超级反派章鱼博士的外骨骼套装，帮助自己成为真正的硅谷科技大佬，他要成为埃隆·马斯克那样的"硅谷钢铁侠"。

随着比特币的价值被认可，越来越多的组织和个人开始使用它。美国肯塔基州一个不到300人的小镇上，警察局长Vicco突然提出要求，希望用比特币来领取薪水，然后镇里还同意了。小镇也成为政府机构使用电子货币支付薪水的首个实例。

在比特币这种虚拟货币的使用上，体量大的经济体国家，往往比较保守，更倾向于监管；而位于地中海东部的岛国——塞浦路斯，已经全面拥抱比特币财富，甚至它的大学还开设了世界首个加密货币硕士学位。这

Erik Finman 跻身百万富豪行列

项专业由塞浦路斯 Nicosia 大学开设，具体课程有货币银行学、国际外汇市场法则和数字货币的编程等，当然它支持用比特币交纳学费。如今很多岛国致力于成为世界比特币交易中心。

"千金难买早知道"，比特币的暴涨让无数人艳羡。不过，随着全球投机的加剧，比特币的价格也开始波动，一味追涨杀跌的人赔得血本无归。新事物的出现，往往在早期会有明显的财富效应，而后期加入的人们，应该更加注重学习和研究，正如斯坦福大学计算机安全实验室的 Dan Boneh 教授说的那样，加密货币前所未有的巨大估值值得人们投入时间去学习相应的知识。当然，缺乏高水平的区块链和加密货币的相关课程也造成了行业内的人才短缺。未来想要获得财富，也许成为比特币和区块链人才，是一个不错的选择。

比特币与凯恩斯选美理论

如果从选美大赛中神奇预测出冠军佳丽就能赢得大奖，你会怎么选？很多人会选自己认为最美的，但正确答案是"选最多人选的"，即使那个人不是美女，但只要大家都投她，她就会当选，这就是著名的"凯恩斯选美理论"。

选美比赛

"凯恩斯选美理论"是由经济学家凯恩斯提出的,应用在投资领域,就是不论股票、期货、债券还是基金,不要买自己认为能赚钱的金融商品,要买大家普遍认为能赚钱的商品,哪怕那个商品根本不值钱。这种现象是因为投资者动机不同所造成的非理性行为,而投机行为就是建立在对大众心理的猜测上。

美国普林斯顿经济学教授马尔基尔把凯恩斯的这一看法归纳为"最大笨蛋理论"。在投资领域中,你会买一个即使一文不值的东西,是因为你相信有一个更大的笨蛋会花更多钱将它从你手中买走,此种投机心态的关键在于判断有没有比你更大的笨蛋,若没有,你就是最大的笨蛋。

这个理论经常在现实中上演,最经典的就是"荷兰郁金香热"。17世纪郁金香传入欧洲，因为栽种的特性让郁金香稀有而珍贵，很快风靡整个欧洲上流社会，成为身份和地位的象征。荷兰靠着独特的气候和土壤成为郁金香的主要栽培国。投机客和商人看准这样的趋势开始炒作郁金香，甚至演变成全民热潮。当时荷兰人一致认为郁金香热将永远持续，世界各地都会向荷兰发订单，且无论什么价格都会有人买。直到1637年后期，人们开始怀疑手里的郁金香到底值不值钱，人心一动摇，泡沫跟着破，在找不到更大的笨蛋后，郁金香价格很快跌到连一颗洋葱都不如。郁金香热使荷兰经济大受冲击，是西方最早出现的经济泡沫。

"炒币"是区块链行业中最热的话题。越来越多的人拥有比特币，认同它的人也越来越多，人们的信心越高，比特币的价格也越水涨船高。比特币历史上跌过300多次，但总能起死回生。每次价格暴跌，都有专家学者担心比特币崩盘，但比特币因其稀有性、去中心化、交易安全等成为数字货币的标杆。支持者认为比特币是伟大的科技发明，能改变世界；反对者则称之为投机的机器。这往往诞生两种图景：支持者大部分都在投资比特币，也积极研究区块链技术；而反对者大部分没有投资，也不熟悉新技术，却往往因为错过机会而后悔不已。

经济学家泰勒做过很多预测大众心理的游戏，他曾让人们在 0 到 100 之间选择一个数字，如果你所选的数字最接近所有参与者所选数字平均值的三分之二，你就是获奖者，你会选多少？

这个游戏中如果每个人都是随机选择，平均值会在 50 左右。50 的 2/3 是 33.3。不过如果多想一步，其他人也会和你一样写 33.3；如果这样，你应该写 22.2。以此类推，当所有人思考得越多，最终越会选择 0。然而选择 0 未必能获胜，因为胜出的关键在于参与者是否想的跟你一样多。

"领先半步是先进，领先三步成先烈"是华为总裁任正非对此现象下的结论。过于先进的技术，往往受到大众心理认知左右，很难获得市场认识与认可，常常导致没有人买。

把"凯恩斯选美理论"应用在企业运营中，还会有更多收获。当企业要研发新产品时，应该从消费者的角度思考新产品要帮顾客解决什么样的问题，唯有真正了解大众的需求，才能产出畅销的产品。销售产品时也应从大众在乎的点切入做宣传，才能有效吸引消费者购买。

政治领域同样存在着"凯恩斯选美理论"，又被称为"弃保效应"。"弃保效应"是在选举中考虑到其他人会投给谁，进而产生的一种配票策略，为了避免鹬蚌相争、渔翁得利的情势出现，要求选民将票集中投给胜算概率更高的候选人。例如：甲党有两个最有实力的候选人——激进派的 A 与温和派的 B，对手是乙党候选人 C，甲党因怕选票被瓜分造成乙党的 C 当选，因而舍弃风险较大的 A，呼吁选民集中把票投给 B。

股神巴菲特在股东大会期间接受媒体采访

不管应用在什么领域，"凯恩斯选美理论"的精髓都在于预测人心。然而人心往往是最难猜测的，牛顿炒股亏损后曾说："我可以计算天体运行的轨迹，却无法计算人性的疯狂。"很多投资大师最终都败给了人性。股神巴菲特也承认自己犯过不少错误，2008 年巴菲特预测石油价格会长期上涨，因此他在高价时买入了康菲石油公司的股票，然而在原油价格创新高之前，市场已对石油公司萌生退意，这些早期崩盘的征兆，使市场快速转向非理性,康菲石油公司的股价也跌出新低,对此巴菲特作出评论:"对投资来说,悲观是你的朋友,兴奋则是你的敌人。"

"凯恩斯选美理论"告诉我们:人们投机心理的波动,背后都暗含着一次财富的涨跌。人生的赛道上,每一个决定都像一场投资,如果想要率先赚到,就应该仔细研究人们的心理。这也许不会让你每次都赢,但至少可以收获财富自由。

V 神

如今,一提到区块链,很多人都相当兴奋。作为比特币的底层技术,区块链已经成为大家公认的"风口"。错过房地产,错过互联网,千万不要再错过区块链。

在区块链的世界里,除了比特币,大家耳熟能详的就属以太坊了。

当许多人幻想通过区块链风口实现财富自由的时候,1994年出生的以太坊创始人维塔利克·布特林,早已拥有408亿美元的财富,一度超过身价390亿美元的马云,荣登《财富》杂志40岁以下影响力人物榜,位列第22名。

一手将区块链推上浪潮之巅,维塔利克·布特林

以太坊创始人 Vitalik Buterin

有一个响彻江湖的名字——"V 神"。

V 神看上去相当符合怪才的形象,还有点像电影里的外星人。长相神似马云:身材瘦小,单薄的身体顶着个巨头。语速极快,眼神飘忽不定,大脑似乎有不断涌出的天才想法。

自古英雄出少年,相比很多后天勤能补拙的成功人,V 神却是自小就展现出异于常人的天资。他的成长经历,在常人看来已经到了不可思议的地步。

1994 年 1 月 31 日,小布特林出生在俄罗斯的一个 IT 家庭,他的父母都从事计算机科研工作,这让他从小就有了接触高新科技的机会。

布特林 4 岁的时候，收到一份礼物——父亲送给他的一台电脑，那是他人生中的第一台电脑。布特林好奇地探索着这个新奇的玩意，很快就学会了用 Excel 编写计算程序。5 岁那年，小布特林父母离婚，他跟着父亲从莫斯科移民到了加拿大。换了一个新环境的他有点无所适从，新同学新朋友需要时间来重新相处，这反而让小布特林更加专注于自己的小世界，探索电脑中的奥秘。

他学习能力很强，仅花几个月的时间，就学会了当地语言。7 岁的时候，小布特林就已经创建了一个叫作"兔子百科全书"的复杂文档。这个由兔子组成的小世界里，充满着严谨的数学公式、图表以及初步的"数学模型"。10 岁的时候，他三位数的心算速度已是同

比特币与亚马逊

龄人的两倍，很快就被安排进入"天才少年班"，学习数学、编程和经济学等科目。当同龄人沉迷于网络游戏时，12 岁的小布特林已会用 C 语言编写简单的游戏。小布特林读五六年级的时候，很多人认为他是数学天才，他自己也在好奇：为什么我就不能像一个普通人一样，表现出 75 分左右的水平？

你可能想不到，这样的神童在 13 岁到 16 岁这段时间，是名副其实的网瘾少年。小布特林当时沉迷于游戏《魔兽世界》，一打就是一整天。在游戏中，他的角色是一名精通恶魔法术的术士，他一路从"经典旧世"玩到了"巫妖王之怒"。日后 V 神再谈起那段经历时说："那时候我真的觉得，没什么能比《魔兽世界》更好玩了，直到游戏公司暴雪删除了我最爱的技能。"

事情是这样的，《魔兽世界》在一次版本更新中，取消了游戏角色中的"生命虹吸"技能，这让布特林极度伤心。他多次通过邮件和官方论坛联系游戏公司，要求他们还原"生命虹吸"技能。但是，布特林收到的只有四个字：不能恢复。

这个事情让他深刻意识到，在互联网游戏里，玩家是弱势群体，游戏的开发商可以随意对游戏进行更改。玩家只能被动接受更改，或者选择放弃玩游戏。布特林最后选择放弃，但这段游戏经历为他后来投身区块链领域埋下了伏笔。

布特林结缘区块链要归功于他的父亲。他17岁时，他的父亲是一家区块链孵化器的联合创始人，正是在父亲的影响下，他初次认识比特币。然而，当时布特林不仅没有表现出一丁点儿的兴趣，还对这种没有实际价值的东西抱有严重的怀疑和排斥心理。

一次偶然的机会，布特林听到有人谈论比特币并非官方发行，而是一种去中心化的模式，他便被这种去中心化的模式深深地吸引了，因为在《魔兽世界》游戏事件后，他一直在思考去中心化的问题。

为了更好地理解这种完全分布式的货币，布特林开始阅读比特币论坛文章和相关技术资料。后来他为《比特币周刊》撰写文章，每篇投稿可获得5枚比特币稿费，依当时比值计算，价值约为4美元。但是布特林自己估算的时薪大约只有1美元，对于一个没有任何收入来源的高中生来说，布特林觉得1小时1美元算是个合理的报酬。但他并没有满足于每小时1美元的报酬，而是采用付费阅读的模式，赚取更多的比特币。每发一篇文章，他只给出第一段，剩下的部分需要付费。一整篇文章大概需要读者支付2.5个比特币。用这种方式，每篇文章能得到20—40美元的收入。

自此，布特林开启了他的写稿生涯，同时靠着写稿获得了区块链世界的第一桶金。现在看来,V神其实是最早的区块链媒体人。

布特林为《比特币周刊》写稿的经历,让他积累了大量的比特币知识,还结交了不少区块链领域的大咖。当时正值比特币价格逐步上升的时期,《比特币周刊》无力支付高昂的稿费,最终选择了休刊。这也成了布特林创办《比特币杂志》的契机,别人休刊,布特林就自己创办媒体。于是,2011年9月,布特林和一个罗马尼亚程序员,联合创办了《比特币杂志》。

《比特币杂志》是一份实体和在线的出版物,2015年被知名的比特币媒体收购前,历经4年的运营,积累了150多万名读者。在如今媒体人太多、读者不够用的时代,这个成绩已经是非常不错了。

高中毕业后,19岁的布特林进入以电脑科学闻名的加拿大滑铁卢大学,学习计算机科学。当教授们都觉得以他的天赋和经历,只要好好完成学业,就能成为一名优秀的程序员,从此走上IT精英之路的时候,布特林在这所其他人挤破脑袋都很难进入的学校只读了8个月,就出乎意料地退学了!为什么呢?这得从他参加一次会议说起。

当时,布特林作为《比特币杂志》的代表,参加了美国加州的一个比特币爱好者会议。会上,有厂商展出新型的硬件钱包、比特币支付平台、比特币自动售货机等产品。在活动上，布特林切身感受到比特币是真实存在的，而不仅仅存活在线上论坛里。天才的思路总是异于常人，但是天才之间又有许多相似性，和很多IT领袖如比尔·盖茨、扎克伯格一样，布特林毅然决定退学创业，投身于区块链这个新技术浪潮中。

当然，这个决定一开始遭到他父亲的强烈反对，同样是程序员的父亲希望儿子毕业之后可以进入到像苹果或者谷歌之类的高科技公司。好在父亲也是很开明的，他了解儿子的天赋，也看透了儿子不安分的特点，意识到一味反对只能是徒劳，他对布特林说："辍学后的人生会更加充满挑战，但你也会学到很多。"

不得不承认，布特林今天能取得这样的成绩，和他父亲的理解和宽容很有关系：作为父亲，最难得的是，能在关键时候放开子女的手，给子女更加广阔的成长空间。而布特林对待自己的辍学，则这样说："我每周要花费30个小时的时间来参与项目，时间真的不够用，所以就退学了。"

敢想敢做、肯吃苦，认定目标就不惜代价往前走，布特林不仅天资聪颖，而且还非常努力。这个19岁的男孩身上有很多人都不具备的魄力，退学创业是他迈向更大舞台的开始。

退学之后，同年比特币比值从前一年的10美元攀升到最高49美元，布特林此前赚到的比特币，一夜之间升值数倍。有了钱之后，向往外面世界的V神，开启了长达半年的世界游模式，他走访了以色列、伦敦、洛杉矶等城市，但他真正的目的并非游山玩水，而是要加入比特币转型工作，推动区块链2.0的发展。

深入研究后，V神发现了比特币在设计上有无法突破的局限性。于是，他期望能开发出一个通用的平台，让所有开发者可以在上面建构属于自己的区块链应用软件，这个设想就是以太坊智能合约的前身。

他写了一份白皮书，建议设计一种新的比特币，并在文中详细介绍了以太坊。他信心满满地向比特币社群提出自己设想的程序，并想要积极融入现有的区块链系统中，结果却遭受到了前辈们无情的拒绝和漠视。

深受打击的布特林不甘心这个结果。于是，他干脆将10万美元奖学金作为启动资金，召集20位伙伴另起炉灶，开始创建以太坊。布特林坚持以太坊应该属于所有人，不能被单一企业占有，因此开发过程中不接受创业投资。放在当今社会，人人都想用一纸商业计划书获得上千万投资，正值青年的V神，在利字当头的商业社会，可谓是一股清流，勇气和格局实在令人佩服。

于是，全世界的区块链社群，渐渐关注起尚未问世的以太坊，智能合约成为以太坊吸引人们的一大卖点。布特林承认，以太坊的创建前期也是有很多的问题，其中资金安全问题是开发的一大挑战。整个团队不断测试，中间也一度因比特币贬值造成资金缺口，但是最后以太坊还是在2015年成功运营。

布特林因为对区块链2.0的发展贡献，挤下了扎克伯格，获得2014年世界科技奖，获得这个奖项的还有有"谷歌大脑"之称的杰夫等技术天才。至此，同龄人再难望其项背，V神的称号从此响遍江湖。

受到V神的影响，俄罗斯总统普京也成了区块链的粉丝。2017年，V神第一次受到普京邀请到莫斯科，两人进行了深入的面谈。

在这次会面中，普京和V神讨论了区块链技术在俄罗斯的应用。普京支持V神提出的由区块链技术铺路，建立新的业务关系的想法。此后，俄罗斯政府对区块链技术的态度发生了极大的转变，寄希望于区块链能成为俄罗斯经济增长新的突破点。

24岁的V神，还未及而立之年，就登上了很多人奋斗百年都难以达到的人生巅峰。儿时的我们，看到某某神童，也希望自己能摔一跤，或睡一觉醒来就能变得无比聪明，一路秒杀众人！

但V神的天才大脑，得益于他的父母。

V 神的父亲德米特里·布特林，出生在苏联，当时苏联正处在艰难时期。老布在莫斯科攻读计算机专业的硕士学位时，在吃着火锅唱着歌的时候苏联解体了。毕业后，俄罗斯政府不再给大学生包分配了，于是老布成立了自己的软件公司，还成了俄罗斯一所高校的金融技术顾问。

在事业上逐渐有起色的老布，在婚姻上却没有获得小布母亲的心，两人在 1998 年结束了 5 年左右的婚姻。离婚后，老布一个人带着小布，父子两人相依为命。1999 年，老布出于对技术的热爱，决定搬去加拿大的多伦多市发展。这是一个他非常喜爱的城市，老布在那开始对技术更深入地探索，他逐渐在多伦多有了名气和影响力。

老布创办了野杏，这是一家业内领先的会员管理软件公司，它服务了超过 9 000 家非营利性组织，还向另外 10 000 家小型组织提供免费软件。可以说老布除了智商很高之外，也是一个很有情怀的人。这一点 V 神也表现得很突出，创建以太坊的时候，V 神表示："我希望这个项目能够让整个世界受益，而不是让少数人富裕。"

当他发现许多用户把以太坊用作投机生财的"郁金香"时，V 神连发数条推特告诫用户，甚至用带有威胁意味的语言宣称：如果社区成员继续不成熟，自己将退出以太坊，他希望区块链成为让所有人受益的技术。

老布除了自己创办公司外，还投资了很多区块链初创公司，并担任顾问。正因为父亲在区块链领域也颇有研究，所以在一定程度上，V神有着其他人无法比拟的区块链学习环境优势。

老布说："每个父母都觉得自己的孩子是独特的，同时每个孩子都会有自己的烦恼，而小布也不例外。他的天赋如此之高，以至于我们经常担心该如何帮助他与这个世界更好地交流，但是我们没有往任何方向塑造或改造他。我们只是给了他理解和爱，让他找到属于他自己的路。"

老布对V神，除了遗传的高智商之外，两人对科技都充满了无比的热情，都希望用技术创造一个更好的世界。父子俩会一起躺在床上看书，穿着父子装一起过圣诞节；当小布在全世界演讲时，老布很自豪地对他人说：这是我儿子。V神从小和父亲相依为命，父亲不仅是自己的人生导师，还是自己的知心朋友。

阿里巴巴从创办到市值5 000亿美元，用了20年；以太坊从诞生到市值千亿则用了4年。奇迹何止于此！阿里巴巴刚创立时募资到500万美元，以太坊创办就公开募集到价值1 800万美元的比特币，两者的起点差距似乎就有某种暗示意味了。

区块链开启了新的时代，创业的起点更高，财富的增长更快。区块链世界里从不缺少奇迹：财富自由、阶层跃升。

中本聪

讲完布特林，我们再讲一讲中本聪。中本聪非常神秘，他在2008年的时候通过匿名的方式，把他的区块链和比特币的白皮书发给全世界的密码学家。2008年金融危机的动荡还在持续，人们都在思考一种新的解决方案，没想到这个白皮书让大家一下子就形成了共识。

随着影响力的提升，有好事的记者就去找他，大家想知道这个中本聪姓甚名谁，是不是在美国加州哪个山脚下隐居，甚至去敲开了他家的门，发现是一个日裔的教授。"中本聪"听起来就像个日本人的名字，结果被这个教授拒之门外，明确告知他不是中本聪。记者也迷惑了，明明我们有证据证明他就是中本聪，他为什么不承认呢？有人说中本聪是美国中情局旗下的一个团队；也有人考证出中本聪有可能隐居在美国的西部或者中部的某一个州，他正在偷笑着数钱呢。

2016年5月的一个下午，澳大利亚企业家克雷

日裔美国人 Dorian Nakamoto 一度被认为是中本聪

格·史蒂芬·赖特（Craig Steven Wright）通过 BBC、《经济学人》和 GQ 宣布，自己就是如假包换的比特币创始人中本聪。这一下子吸引了全世界的眼球，结果经过考证，发现他根本不是。至今，中本聪都是一个谜。中本聪是一个隐身的亿万富豪，当年他也留了一个私心：他发明比特币之后，给自己留下了 100 万个比特币。100 万个比特币，如果按照 4 万块钱一枚计算，相当于 400 亿元人民币。有人预测比特币会涨到 10 万美元，那 100 万枚相当于 6500 亿元人民币。这比很多小国家的央行拥有的钱还要多。这就是中本聪的聪明之处，他可能会成为人类伟大发明的一个隐身者。

我们知道诺贝尔发明了炸药，加州的两个教授把互联网的技术应用第一次变成一个万维网。但是，谁发明了区块链和比特币技术到现在还是一个谜。我们只知道区块链 2.0 应用以太坊的发明人是布特林，布特林集区块链的荣耀于一身，声名大噪。其实，布特林早在 2014 年就打败了扎克伯格，获得过 2014 年 IT 软件类世界科技奖，因为人们认定布特林发明的以太坊比扎克伯格的 Facebook 对未来的社会有更大的推动作用。

区块链技术的应用还只是个开始，中本聪的神秘、布特林的神奇，都让这个新事物长期占据着人类的眼球。在未来，区块链的世界中还将涌现更多大神级的人物。区块链时代，会诞生新的科技大佬，形成影响人类进步的新的智慧群像。

中国未来的财富机会：虚拟货币与虚拟资产

以前的资产分为两类，一类是动产，一类是不动产。人一辈子最大的不动产是什么？就是你的房子。所以人们总喜欢调侃，说丈母娘推动了房价上涨。这话不无道理，如果你没有一套房，就很难把别人的女儿娶回家。然而，20 多岁的大学生毕业就要有房，这对于很多年轻人来说，简直是一个难以实现的挑战。但是现在又有了一种新的财富方式，可以让年轻人在北上广深这样的地方买到房，这就是比特币世界带来的暴富效应。

随着互联网技术的发展，出现了区块链技术，以及它的应用方式比特币，于是就出现了一种新型的资产——数字资产。数字资产的出现正在改变着人类财富的形式，有人把它称为比特币黄金。

在区块链技术的不断普及下，很多数字资产已经和黄金等金属货币一样成了一种具有公认价值的资产，比特币就是其中的佼佼者。作为一种最重要的数字资产，有些国家和机构甚至开始把比特币作为一种公认的货币资产使用。

我们不妨看看改革开放以来，中国的财富方式是

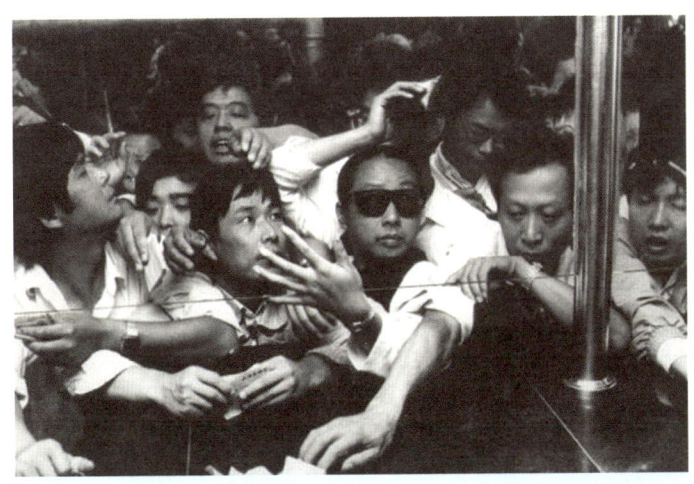

20世纪90年代人们在交易所争抢股票

如何一步步变迁的。

在20世纪90年代，中国证券市场崛起的时候，很多人一夜暴富。暴富的机会涌现在股市中，于是出现了万元户以及后来的"杨百万"——在上海有一个姓杨的股民通过炒股积累了100万的财富。在当时的中国，百万财富简直是一个神话。在这种巨大的财富效应下，很多人开始投身证券市场。2001年中国的股市达到了当时的最高值，而后股市赚钱的机会却越来越少。有人说如今的股市，你放一头牛进去，最后能有一头猪出来就不错了。

紧接着，新的财富机会——房地产红利期来了。20世纪80年代末90年代初，中国的房地产市场开始兴起。1988年海南建省的时候，千军万马都涌向了海南淘金。当时海南成为中国人均房地产公司最多的地方，现在大名鼎鼎的王功权、冯仑、刘军、王启富、易小迪与潘石屹，即人们所说的"万通六君子"，当年都是到海南去淘金的，而且他们的第一桶金都来自房地产。当然海南的房地产泡沫很快破裂，很多人被套牢了。买了沃尔沃又买了奔驰母公司股份的吉利汽车大老板李书福，当年也是把赚到的第一桶金都投到海南的房地产，结果赔得一文不剩。房地产真正的春天是什么时候？是2000年以后。从2000年开始十余年的时间里，中国的房价几乎没有跌过。我们说的温州炒房团、各地的炒房团，只要你在适当的时机买了房子，那么你就是人生的赢家。

如今区块链技术来了，新的财富方式出现了，区块链的出现造就了虚拟数字货币这种新的财富形式，它具有巨大的财富效应。与股市不同，比特币的价格是 7×24 小时涨跌，所以很多人的比特币拿在手里也会亏钱，这就要看你买入的时机了。

比特币从2008年一文不值到2017年最高价格两万美元一枚，使很多人一夜暴富，实现了财富自由。比特币的财富效应，网上有一个生动的段子：我们经常说老一代和年轻人是有代沟的，老年人总要劝导年轻人说别弄区块链、比特币那种虚头巴脑的东西，老老实实好好工作，挣点钱在北京买房，娶个媳妇过小日子，传宗接代多好。但是90后是怎么想的？90后说你别忽悠我了，你们都把成本几千块钱一平方米的房子炒到十万块钱一平方米了，我们要想翻身就得弄一串数字，然后十万块钱卖给你们。

虽然这是调侃的段子，但是也能看出数字资产对人类生活的改变。其实区块链最大的改变是建立了一个分布式的商业以及自律型的社会。到那个时候人们经商的成本会越来越低，再不会有经济学上说的巨额的交易成本。交易成本怎么来的？就是信息不对称。互联网打破了信息不对称,而区块链打破的将是信任不对称,人人可以信任所有人,人人可以被所有人信任。

比特币虽然是一种虚拟货币,但是它已经被美国国税局称为资产。所谓的资产就是可以拿来和别人进行交易的。从这个角度上来看,比特币具备了货币的属性。虽然它还不是法定的货币,但当那一天到来的时候,它在某种程度上会取代货币的某些功能,难怪会被称为比特币黄金。

区块链时代,数字货币正在成为一种新的财富方式。可能在不远的将来,丈母娘不再惦念房子了,而是问她的准女婿,你有多少数字资产?

"抢到就是赚到"——售楼处里的抢房人

如何积累数字资产

很多人在问,现在做什么能赚到大钱呢?公司上市,你要到证监会去排队,排得黑发人变白发人。要不你就去买房,买房你要先交几年社保,取得买房的资格。在北京,非北京户口的外地人只能买一套房。很多人为什么假离婚呢?因为就算是北京户口,一个户籍单位也只能买两套房,那俩人一离婚,就能再买两套房。现在中国的财富总量增加了,但财富的增长速度变慢了,创富的机会越来越稀缺。

在互联网的下半场,传统的互联网已经解决不了新问题,世界正进入区块链时代。数字货币世界里,由于比特币价格的暴涨,形成了非常大的财富效应。为什么很多人看好区块链?很大程度上是看到了比特币暴富的机会。以现在的工资标准,年轻人几十年的工资都买不起北京的一套住宅,但比特币为年轻人创造新的财富提供了一个机会。

区块链也是一种财富的重新分配。中国有很多富豪,有的钱在国内,人在国外(回不来);有的钱在国外,人在国内(出不去)。而数字资产是什么?是钱随人走,人在哪儿,钱在哪儿。未来所有的财富和社交都在你的手机上。比特币就是一串数字,有个比特币钱包、一部手机就完全可以让你走遍天下。

在区块链世界里,不再讲公司是谁的,只要加入到一个区块链项目里,人人都有股份。以前是IPO(首次公开募股),现在直接会出现ICO(首次代币发行),甚至IFO(首次分叉发行),不再是技术入股而是个人入股。个人的所有行为都可以带来收益。区块链带来的是人们对财产观念的改变。现在我们有动产、不动产,还有股票等,但是未来很大的一部分资产叫数字资产。

什么叫数字资产?数字资产就是以虚拟形式存在的,但是又形成了非常大的通证共识的资产,大家都认可,走到哪儿可以带到哪儿,可以随时兑换。其实,货币在近现代国家中,并不总是稳定。在民国时期,货币贬值到什么程度呢?人们买一斤米,要挑着一担子的金圆券。非洲有个国家叫津巴布韦,它的货币贬值是多少呢?几万、几十万倍……最后这个国家干脆就"弃疗",取消货币,直接用美元。货币崩溃了,再多的钱也一文不值。所以数字资产未来会成为一个重要的资产,它不再需要国家政权做担保,而是全世界公认。

那数字资产分为几方面?比特币是一种虚拟货币,它代表了你在区块链技术上投入的算力,也就是多劳多得的意思。挖矿能挖出来,对矿工就会有奖励,有了这

ICO

种比特币奖励,大家才能把区块链接龙下来,保证人类信息或交易记录永不掉链。

当然要拥有数字资产,首先得有自己的比特币钱包。比特币是一种点对点的电子现金系统,没有实物形态,可以存储在比特币钱包里。比特币钱包里存储着你的比特币信息,包括比特币地址(类似于银行卡账号)、私钥(类似于银行卡密码)。就像实物钱包里可以存放多张银行卡,比特币钱包里也可以存储多个比特币地址,以及每个比特币地址所对应的独立的私钥。

比特币钱包按照私钥的存储方式,可以分为冷钱包和热钱包两种。冷钱包是指互联网不能访问到你私钥的钱包,它往往依靠"冷"设备确保比特币私钥的安全,比如不联网的电脑、手机,写着私钥地址的笔记本等。热钱包是指互联网能够访问你私钥的钱包。热钱包往往是在线钱包的形式。使用热钱包时,最好在不同平台设置不同密码,且开启二次认证,以确保自己的资产安全。

除了比特币之外还有什么其他的数字货币呢?

时间货币。只要人类暂时无法打破时间周期,时间也会是一种货币。理论上,每个人每天的时间是相同的,但时间的价值却不同。如今,已经有人发行时间币了。明星的时间可以出售,你未来的成就也可以出售,你的价值越大,时间货币越值钱。时间就是"金钱",既然金钱可以存入银行,那未来时间也能如法炮制。

信任货币。在互联网时代,你分享的内容,你拥有的魅力人格体,你的信仰、价值观、态度都构成别人对你的信任。如今信任货币已被作为主要议题进行广泛讨论,用户身份认证和可信的数字身份已成为推动网络经济的新因素,人人都能在线建立可信赖的身份和行为,数字经济的发展会更快速。

社交货币。社交货币是一种虚拟财富符号,你的每一次转发和点赞都会让你的社交银行存款增加。如果你还能提供原创的内容，说明你的印钞机开动了。而你的社交货币和真实货币的比值完全取决于你的社交地位是处于金字塔顶端还是底部。区块链时代，如果你有很多钱，那么你只是个"土豪"；而如果你有很多的"社交货币"，你才是一个真正的"富豪"——前者是有钱，后者是值钱。

J罗成为首个发行个人数字货币的世界球星

未来每个人都可能发行自己的货币。当然，明星因为身价的因素，发行的货币会更值钱。哥伦比亚球星哈梅斯·罗德里格斯（J罗）与一家区块链公司SelfSell达成合作协议，以J罗名字命名的数字资产JR10 Token将通过该公司的APP开启预售。这意味着，J罗将成为这个世界上第一个进入区块链领域，并以自身商业价值为核心发行数字资产的人。

区块链时代，一个人拥有越多的社群和粉丝就会越有价值。到那个时候,除了比特币等区块链资产,人们还能收获更多的社交货币,甚至发行自己的货币。个人财富衡量的标准也将发生改变。

第六章
区块链创业浪潮与财富风口

区块链的财富效应

改革开放 40 年来,中国产生的亿万富豪人数已经超过了美国。下一个财富的风口在哪儿,许多人都看好区块链。

区块链不是现在才兴起的,作为下一代互联网技术,已经存在了好多年。为什么区块链一下子成为妇孺皆知的事物,甚至出现了一个新词——中国区块链大妈,连大妈都在谈区块链,原因就是比特币的价格在 2017 年曾有一轮大幅度的暴涨,起到了非常好的财富示范效应,人们突然觉得原来财富还可以如此快速地增长。即便对美国这样一个经济发展相对比较平稳的国家来说,也有非常大的财富冲击。在美国硅谷,区块链创业已成为一种新的风潮。

这就引出了下一个问题：区块链的财富机制是如何形成的？

区块链其实是对互联网的一种颠覆。我们知道互联网颠覆了传统经济，从2000年到现在的互联网大潮可以说改变了我们的生产方式和社会方式。大家所有的财富和社会关系，都开始储存在手机上。芯片为什么变得重要？就是因为传统的财富是在银行里，现在年轻人的财富多在手机里。这在中国非常明显：移动支付改变了中国的各个方面，包括卖早点的大妈都知道，如果不能支持微信扫一扫，可能生意就做不下去了。

区块链技术是一种新型的互联网。它对人类生活的改变到目前还只是冰山一角。小荷才露尖尖角，早有蜻蜓立上头，那些最早发现区块链价值和区块链应用的人，赚得盆满钵满，很多90后也在区块链领域玩得风生水起；有人说他们割了别人的"韭菜"，但是你想想为什么他们能割别人的"韭菜"，这说明他们在意识上先行了一步。

当然，把区块链只理解成是去割别人的韭菜，这就太短视了，有人调侃说比特币是疯子教傻子玩的游戏，其实互联网电商刚出现的时候，人们也是这么说马云的。但大家最终都会明白区块链的奥秘。当整个互联网能够传递价值的时候，人类生活会发生翻天覆地的变化。

区块链都有哪些圈

在历史上，加州其实是美国的新边疆，因为美国的 13 个殖民地都是在东部沿海。轰轰烈烈的美国西进运动之前，政府就一直在鼓励大家西进，但成效不大。直到加州发现了金矿，大家都来淘金，再加上横贯美国东西的铁路开通，大家一下子都涌到了加州。

19 世纪在美国加州金矿淘金的华人

美国加州发现 100 年前的牛仔裤

现在的一个财富机会,被人们称为"区块链掘金"。我们发现,当加州的金矿被开采后,最发财的人除了淘金的还有两类人:一类是美国西部卖牛仔裤的人,现在美国的牛仔裤产业是全球最大的;还有一类是卖瓶装水、卖矿泉水的人。因为黄金的数量有限,是不可再生资源,挖一点少一点,所以金矿很快就挖完了。但涌向当地的人流带来了巨大的消费需求,这才让上述两种人赚了钱。

那么在整个区块链财富圈里,最早赚钱的是什么人?

第一批赚钱的人靠炒币。币圈一周，人间十年，炒币的人率先占坑，并随时注意金融市场的消息，真正大富的人，都是在金融市场历练许久的人物，而普通炒币者，往往是跑步进场的"韭菜"。尤其是没有经历过股票和期货投资的新手小白，往往在听信了大量的造富神话之后，经不住几下撩拨，便加速跑步入场从而成了被割的"韭菜"。

第二种是做投资的。硅谷为什么那么牛？就是因为有大量的钱，你有一个idea，我就可以把钱投给你，这就叫天使投资。但天使的另一面是魔鬼，什么叫魔鬼？因为投资人投这个钱极有可能就赚不回来了，但是一旦成功，你想想他的收入倍数是多少：成千上万倍。上万倍是什么概念？你投100万乘以1万倍就变成100亿！硅谷是全球"独角兽"最多的地方，是风险资本的大本营。区块链投资就是提前占有未来的收益，甚至有些项目一旦ICO，投资人就收回了大笔投资，还有非常高的溢价。

第三种就是"矿圈挖矿"。什么是"挖矿"？这源于比特币系统的精妙设计：在记账的过程中，系统中的每个节点都需要贡献算力，从而进行交易确认，并提高数据的安全性；算力要经过竞争才能获得记账权，为了奖励"矿工"的算力，也就有了比特币。"挖矿"

是产生比特币的方式。根据规则设定,比特币"挖矿"的回报在每21万区块后会减半,也就是说,想轻松地挖出比特币,会变得越来越难。

"挖矿"还带火了"矿机"生意,"矿机"有专业的"挖矿"芯片,多采用烧显卡的方式工作,耗电量较大。如今,很多专业人士为了"挖矿"事业纷纷转战冰岛,冰岛不仅气温低有助于"矿机"的自然散热,还是世界上电费最便宜的国家,每度电价格在0.04美元左右。

比特大陆是一家中国公司,每年能卖10万台"矿机",拥有比特币"矿机"70%以上的市场份额,靠着卖"矿机"赚得盆满钵满。比特大陆吸引了投资人的广泛关注,2018年7月6日,比特大陆完成B轮融资,估值约120亿美元。本次融资依然是红杉中国领投,美国对冲基金Coatue和新加坡国有的新兴市场投资基金EDBI加入。

第四种是区块链媒体圈。现在区块链媒体非常火,为人们了解区块链知识提供了新平台。传统媒体对区块链了解得并不深,也讲不出子丑寅卯来,因而极易人云亦云,所以区块链在某种程度上被妖魔化了,这就需要媒体来科普。同样道理,区块链培训也蕴藏着丰富的金矿。

区块链创业与投资

互联网在 2000 年后开始爆发，造就了阿里巴巴、谷歌和亚马逊等互联网企业，大量的投资机会也随之而来；同时房地产的财富机会来了，也造就了万达等企业，让王健林登上了首富之位。进入移动互联网时代，又造就了微信，使得其成了国内用户量最大的手机应用。而区块链来了，究竟会有哪些新的创业与投资机会？又会是谁的机会呢？

首先来看看区块链的创业热潮。从 2008 年中本聪的比特币白皮书发表至今，区块链已经取得重大发展。但许多人只知比特币、以太坊，却不了解区块链运用。区块链可以应用到各个方面，会极大地改变各行业的现状。区块链在不同的创业方向上已有了很大的发展。区块链技术不但在全球经济、产业、学术等领域都获得了众多的关注与认可，而且也被很多人称为继工业革命和互联网之后最有可能引发颠覆式产业创新的新技术。可见，不管你关注与否，区块链对现在的商业社会已经产生了巨大的影响。

先看区块链在金融行业的运用。2016 年 9 月，中国银联与 IBM 试行区块链技术的共享积分系统。这个积分系统主要是运用此区块链技术允许用户跨行、跨平台兑换奖励积分。也就是说,你在一家银行所获取的积分也可以到其他银行兑换积分奖励,甚至还可以兑换多个航空公司的里程和超市奖励。这样的话,就大大地提高了银行积分的有效性,发挥了积分的最大效用,而不只是局限于某一个银行。这在日常的商户合作中也行得通。比如你在A商家买东西所获得的积分,可以按照约定的比例,在B商家兑换赠品。而在B商家消费所积累下来的积分,照样也可以在A商家享受折扣优惠。再加上区块链具有去中心化的分布式记账法,可以有效地防止积分被人为篡改和作弊。很多人觉得这会让部分商家吃亏,但从长远的角度来分析,这样更能够带动商家之间的交叉消费和增加盈利。

中国银联卡

"瘦田无人耕,耕开有人争。"很多成功的案例都说明了区块链技术应用正在逐步落地推广,伴随而来的是众多区块链技术公司如雨后春笋般地涌现,每个人都想在这个蛋糕上切走最大的一份。

区块链的应用除开金融领域,还有在政府、云计算、供应链、贸易、版权保护、大数据分析、药品防伪、电子病历等领域的应用。为什么区块链在众多领域受到如此追捧?究其原因,最重要的还是在于区块链本身分布式、公开透明,每个人都可以参与数据库记录的优势和特点,未来区块链将会彻底颠覆大部分行业与领域。

再来说说区块链投资机会。一说到区块链投资,很多人就会想到炒币。比如有很多为了获取暴利的投机者,设局骗取投资方财产,利用虚拟币的概念进行炒作。部分空气币项目就仅仅依靠ICO变现,简单理解就是不找VC(风险资本)改找炒币的人融资,虽然带来了方便但也带来很多问题:参与炒币的投机者会让项目的估值坐上过山车,市值波动大;同时入市的资金又处于监管的灰色地带,增加了投资风险。

但随着区块链的发展与成熟,新的财富趋势诞生了,也出现了各种投资机会。尽管市场上出现了几百种数字货币,试图解决比特币区块链的技术问题,或者想要扩展数字货币的应用范围,但总的来看,比特币始终是最主流的数字货币。以比特币为代表的数字货币成了一种新的资产，称为数字资产。

区块链投资不只是炒币，还可以投资各种区块链项目与公司。区块链的创业潮，催生了大量的区块链创业公司，这就是一种新的投资机会。其实，涉及区块链，在人才招聘、培养、认证等方面，都需要资本介入，这些都是潜在的机会。

无论你是通过区块链创业，还是以投资形式来拥抱区块链，区块链时代的到来无疑带来了新一轮创业与投资的机会。

区块链可以让所有的生意重做一遍

地上的植物再不能满足长颈鹿的正常生存后，长颈鹿不得不改变，进化成了我们现在看到的长颈鹿：不但地上的草可以吃，连高高的树叶也是顺手拈来。这就是环境变化带来的改变，商业社会也是如此。

当整个底层的技术环境发生了改变，很多领域也会迅速随之改变。就像当年的互联网技术逐渐兴起时，传统的企业受到了巨大冲击。面对这样的冲击，最好的做法并不是抵抗它，而是及时拥抱它，看它是否能为自己的生意带来新的出路与新的财富机会。

互联网时代几乎让所有的生意都发生了新的改变。区块链时代的来临，也将会颠覆各个行业。同时，区块链也让所有的生意值得重新做一遍。下面我们就分析一下五个区块链冲击与改变的代表领域。

1. 银行业

银行业对区块链是又爱又恨。

区块链的去中心化、去中介化等特点让银行业这个本来"躺"着就可以赚钱的中心机构，现在需要站着，甚至要跑起来才可以更好地实现盈利。银行最大的收入来源就是借贷利差，承担信任中介的作用。如今随着去中心化的区块链时代来临，银行的地位已受到"威胁"，所以银行业对区块链是"恨之切"。

随着区块链的发展与冲击，银行业不得不接受区块链，甚至如今已经开始利用区块链技术进行改革。比如银行的清算系统、支付方式等。利用区块链的非对称加密等技术，将会大大降低银行交易与清算中的系统性风险。

瑞士瑞银集团及英国巴克莱银行都应用了区块链，希望通过区块链来加快后勤部门的运作和结算。银行业有关人士说，这样会节省一大笔中间成本。而且有越来越多的银行业投资区块链初创公司，比如 R3 CEV，该公司和多个银行、监管机构及技术合作伙伴一起开发区

英国巴克莱银行及瑞士瑞银集团
运用区块链加快后勤部门的运作和结算

块链平台,并且想要通过这样的区块链平台成为金融市场的新运行系统。

其实,银行业只是一个开端。区块链本身具有可追溯的、安全的、防篡改的账本,可以让相关数据信息的流通更加便捷与高效,而且极大地降低了信任风险问题。

2. 互联网广告

互联网广告将会颠覆整个广告业,让我们看广告也能赚钱。

现在我们在网络上看广告,不管你看了多少,最后获益的永远是广告商和相关平台机构。而你看了广告后,注意力与时间被"收割"了,却连一毛钱都没有付给你,你还要付费后才能去掉广告页面。这看似正常的现象,背后却隐藏着诸多不合理。而区块链就可以解决这种不合理,让你看广告也能赚钱:广告商在平台发布广告,用户看了和点击了后,不但平台与广告商有钱,用户也能分到钱,以代币的形式来获利。

同时,区块链点对点、分布式的技术可以让广告更精准有效。用户倾向于接收更少但是更精准的广告,且不带恶意文件。广告商也可以花更少的钱,获得更好的广告效果。

区块链还解决了广告商和客户都饱受缺乏协议约束之苦的问题。甲乙双方签了合作协议,经常出现甲方说乙方没有按照协议要求来完成工作量,乙方经常抱怨甲方"不讲道理、不懂、乱指导"等现象。区块链的智能合约可以解决这些问题,将甲乙双方的规则都写进智能合约里,完成了多少、完成得怎样,都清清楚楚地在上面显示,而且还不用担心赖账问题。因为智能合约都是一旦触发规则,主动执行,公开透明,让甲乙双方都毫无怨言。

3. 娱乐产业

音乐、电影等娱乐产业经常遇到的问题就是盗版、抄袭与审查效率的问题。现在有些娱乐公司开始利用区块链的智能合约让创作者之间的内容分享更公平,让作品与版权费等问题得到有效解决。

英国有些区块链初创公司准备和音乐、电影版权相关的机构、艺术家等进行合作，为娱乐产业相关者提供一个平台，在智能合约技术之下，让作者的作品可以得到相应的收益，各方不再出现赖账违约等问题。

4.股票交易

区块链利用其公开透明、不可篡改的特点，为股票购买、出售等交易进行了流程优化。近些年，很多公司都想把流程自动化、安全化，以期比过往提供更加高效的方案。

Overstock 公司的附属公司 T.com 使用区块链技术

Overstock 公司

进行在线股票交易。该平台结合了加密保护分布式账本和现有交易流程，减少了结算时间和成本，增加了透明度和可审核性。

5. 医疗

区块链有望让医疗行业的医患纠纷、医生收红包等问题得到解决。

比如，规定医生不能收病人红包，但是病人就会产生顾虑，担心医生不会尽力去治好自己。区块链的智能合约技术就可以解决这个问题，让按疗效付费有可能实现。

另外，区块链还让病历也可以赚钱。病人可以把自己的病历信息数据化上传到公开透明的数据平台。如果自己的病历被引用研究，将会获得部分的收益。这真正实现了看病也有钱拿。

更多区块链医疗案例，将在下一章做详细介绍。

第七章
掘金区块链：从互联网+到区块链+

区块链重塑商业社会

当我们打开网页搜索时，用百度搜出来的只是一张网络快照，只有时间、地点以及一张网页截图，很多时候网站还打不开或信息丢失了。而未来的区块链搜索是什么？未来的区块链搜索像一个考古活动，搜出来的结果是一个影像，一个图像包……你说过的话，所有的东西都可能像呈堂证供一样。区块链技术的广泛应用，会改变金融行业，改变零售行业，改变人们生活的各个方面。

提起拨款，我们知道一笔项目款如果一级一级拨下去，拨的时候是一头牛，最后到老百姓手里可能就是一根牛毛。但是区块链技术不一样，区块链是去中心化或者叫弱中心化，也就是每个人都成为一个商业节点，这个商业就变成了新的点对点,也就是真正的 P2P(Point to Point),而不是人们说的 P2P 金融。每个人都可以信任其他人,拨款也会实现点对点交易结算。

这个时候你会发现,区块链是非常激动人心的,商业的规则会被改写,一大拨独角兽企业——新的 Uber、新的亚马逊、新的 Airbnb 会出现,新的亿万富豪也会相继产生;全世界的首富那么多年都是比尔·盖茨,但是 2018 年被亚马逊 CEO 贝佐斯超越了,因为亚马逊改变了商业形态,它十几年没有赚钱,一旦赚钱就会快速收割。中国的京东也是如此。

分布式商业和自律型社会的形成,会对整个社会形态产生颠覆。我们经常说美国是一个法治社会,法治

创办中国黄页时的马云(左一)

社会靠的是什么？就是违法成本特别高，所以人人靠信用生活。区块链社会就是天下大同，你说你的最好，我说我的最好，最后大家达成区块链共识。

新事物刚走上台前，往往被人们轻易忽略。当年马云推销他的中国黄页时，遇到的是嘲笑，大家都觉得谁会在网上买东西呢！1999年，中国曾经做过一个互联网的实验：把一帮年轻人关在房间里，给你一根网线，然后你可以外接去上网，再给你一张信用卡，看看你能活多久。这就叫36小时生存法则。但是实验到第二天，还没到36小时的时候，年轻人饿得都跑出来，说救救我，因为网上一包方便面都买不到。现在不要说在中国，就是在美国，你想吃麦当劳，可能Uber就给你送过来了，只要你多花钱，连充气娃娃都可以送到家里。

互联网对人的生活方式的改变是惊人的。美国人最怕别人改变他的生活方式，他们要自由表达，要住有独立卫生间的房子，要自己开车出行……以前美国人认为一个人独立的标志是从有自己的驾照开始，但现在18岁以上的美国男孩女孩考驾照的人数下降了，在很多州下降了10%还不止。为什么呢？因为开车是唯一一个需要全神贯注的行为，稍微一走神就可能车毁人亡，所以很多年轻人不愿意开车，因为他们随时都要玩手机，平时就喜欢宅在家上网，生活在虚拟世界里。

要解决吃饭的问题，怎么办？叫外卖。要出行怎么办？叫 Uber，一切都可以假手他人，真正变成了互联网培养出来的懒人。未来无人驾驶技术普及之后，年轻人更不用开车了，司机这种职业也将消失；未来的车不用人开，汽车就变成一个电脑加四个轮子，你跟它讲去哪儿，它就会按时按点地把你送过去。

了解了移动互联网对现在社会生活的改变，你就会预知区块链对未来的改变。我们每个人都应该对区块链及早了解，你了解得越详尽，你发现的财富机会越多，越不会被社会所抛弃。现在的社会被分成两部分：

区块链技术助力打假

一部分是网上生活,叫 online;一部分是线下生活,叫 offline。如果你没有线上的入口,你会发现出门都寸步难行。同样,如果你不了解区块链,就可能会错过下一个十年的财富风口。

区块链可以解决当前互联网时代遇到的诸多问题。马云是世界电商大王,但是他解决不了假货的问题,最后也弃疗了。他说几百块钱就想买到劳力士,那不是贪婪吗?但是区块链技术可以真正地做到杜绝假货。我们知道中国人喝到假茅台的概率其实是很大的,有人算过一笔账,说市面上流通的茅台每五瓶只有一瓶是真的,也就是说,茅台的产量和它的消费量是不匹配的;包括中国人喝的拉菲,有人说你喝十瓶也喝不到一瓶真拉菲,那可能是河北省某个地方酿造的拉菲,这跟法国拉菲要差十万八千里。

区块链技术可以真正意义上杜绝假酒。其实酒厂动了很多脑筋,比如在瓶盖上、瓶体上绞尽脑汁设计出各种防伪标识。但是道高一尺,魔高一丈,你不是玩瓶盖吗?没问题,我直接收茅台酒的酒瓶,结果瓶盖是真的,瓶体也是真的,里面的酒是假的。有些假酒甚至连二维码都复制了。但是区块链技术是一种全民式记账,这个酒从出厂到经销商到谁喝了,整个场景可以再现:时间、地点、人物、谁做了什么,区块链上都有交易记录。

区块链与社会形态

区块链技术会彻底改变社会的形态，形成完全自治的社会。有人说区块链是无政府主义，其实错了，政府可以很好地用区块链来进行管理，并将管理无形化、秩序化。

塞拉利昂是一个非洲国家，人们打开非洲地图，很少有人能准确地指出其地理位置。但是塞拉利昂在2018年的选举中，就用了区块链技术。一些号称最民主的国家，每次选举的时候都会出现很多废票，因为有的人会拿别人的身份证去投票，也有人投很多次。区块链技术的身份验证、去中心化运用到选举上后，哪怕你在家里，不去投票站，你投出来的票，也保证绝对真实。

区块链时代没有一个司机再敢违反交规,因为所有的行车行为都会被记录下来,而且会影响你的一生,你买保险,出国,你去干任何事情都会被全程记录。

无疑,区块链将重塑商业社会,区块链技术的应用也会彻底渗透到我们生活的方方面面。

区块链+金融:区块链会让银行业关门大吉吗

网上有张照片:在纽约的区块链共识大会期间,一个银行组织反对区块链,他们在华尔街组织了一个游

2018年5月,纽约共识大会期间银行家们游行抵制比特币

行。这个游行让我们想起了当年马车夫集会反对汽车事件,中国的出租车司机也曾经集体反对滴滴,说滴滴让他们没饭吃。

当然,后来有人说反区块链游行是一个事件营销,不管是不是事件营销,这件事成功地让大家把区块链和华尔街联系在了一起。华尔街是金融业食物链的最上层,地位高高在上,如今突然察觉自己的身边充满了危机。摩根大通的一个女高管,被称为整个华尔街的代表性人物,跳槽去了一家区块链金融公司。这件事也引起了不小的讨论。

区块链的发展到底会不会因为这样的抗议而遇到强大的阻力呢?历史上有一个关于红旗法案的真实故事。

众所周知,工业革命最早发生在英国,瓦特成功改良了蒸汽机。既然拥有了如此先进的动力系统,大英帝国为什么迟迟造不出一台汽车呢?是它的蒸汽机应用不行吗?不是,蒸汽机在海上的应用如火如荼,大英帝国的造船业突飞猛进,但是到了陆地上,情况就截然不同。

英国议会通过了一部红旗法案。法案规定开汽车一定要三个人同时开,其中要有一个人站在汽车50米开外举着小红旗,以防把马给惊吓到。正是因为这个逆历史潮流的红旗法案,英国把发明汽车的权利拱手让给了德国。1886年1月29日,德国人卡尔·本茨发明的世界上第一辆三轮汽车获得了"汽车制造专利权"。这一天被大多数人称为现代汽车诞生日,本茨也被后人誉为"汽车之父"。德国人发明了世界上第一辆在马路上跑的汽车,德国的奔驰汽车也成了汽车界的老祖宗。

德国汽车品牌在全球享有盛誉,德国制造的汽车为什么牛?因为德国人开车不限速。当时的红旗法案规定,英国的汽车最高时速不能超过6.4公里。这一速度

卡尔·本茨与世界上第一辆三轮汽车

跟人走路差不多,更不用说跑马拉松了。

区块链金融会给银行业带来哪些颠覆呢?"数字经济之父"唐·塔普斯科特曾经讲过一个他们家保姆的故事:他们家的菲佣,每个月都要乘公共汽车,然后坐地铁,最后到西联公司去给她家里的老母亲汇款,每个月汇一两千美元。汇款最快也要七天之后才能到达菲律宾,而且银行跨行跨国汇款的手续费最高达10%。史玉柱是民生银行的股东,他曾经说过,民生银行一年光手续费,坐地就收两个亿。民生银行还算不上金融巨鳄,想想四大国有银行,它们一年的手续费收多少呢?

我们试想,如果拥有一个区块链金融的应用,保

曾经的报刊亭已难觅踪影

姆在手机上就可以把她每个月的一两千美金转给她在菲律宾的母亲，甚至比现在的移动支付更便捷，需要的手续费更低，速度更快。如果她母亲也会用手机，如果工资可以转化成数字资产的话，整个转账的手续费会是零，这就是一个全新的颠覆。

区块链对金融行业的颠覆，将使得柜员机没有存在的意义。现在的 ATM 机就像前几年的报刊亭，现在中国一二线城市几乎没有报刊亭了，很少有人需要买报纸。中国的手机支付已经世界领先，未来 ATM 机也会被拆除。

区块链金融的到来，银行业不可能一直坐在高高的玻璃柜台后面，等着大家去存款。德国最大的银行——德意志银行，堪称银行业的百年老店，也是世界上最大的金融机构之一，却在 2018 年 5 月宣布在之后不到两年之内，要裁员一万人。以前银行业是旱涝保收，现在银行业面临区块链技术的挑战。在我前期的著作《大国寡品》里，我就提到了区块链技术，现在的区块链就像 20 世纪末的互联网，区块链是继互联网之后最伟大的发明之一，是新一代的互联网。

以前，会打字就可以找到打字员的工作，会数钱就可能在银行点钞，但是现在这一切都将改变。正如达沃斯经济论坛的发起人施瓦布所说，区块链是继蒸汽机、电力、互联网之后的第四次技术革命。区块链未来不仅仅要颠覆华尔街，而且会颠覆整个银行业。

附：区块链+金融案例

案例一：央行区块链数字票据交易平台

中国人民银行推动的基于区块链的数字票据交易平台于2017年测试成功。2017年1月，央行旗下的数字货币研究所也正式挂牌。这意味着，在全球范围内，中国人民银行成为首个研究数字货币及真实应用的中央银行。

数字货币是电子货币形式的替代货币，作为一种金融工具，已被世界很多国家认可。此次央行推动的基于区块链的数字票据交易平台测试成功，意义重大，影响深远。

业内资深人士吴佳介绍说，数字货币不等同于法定货币，它可以降低传统纸币的发行以及流通带来的高额成本，提升经济交易活动的便利性、透明度，打击偷税漏税等。

事实上，相比于全球其他央行，中国人民银行对待数字货币的态度一直较为主动。2014年，央行成立发行法定数字货币的专门研究小组；2015年发布发行数字货币的系列研究报告，并完成发行法定数字货币原型的两轮修订。2016年1月20日,央行召开数字货币研讨会,首次对外公开发行数字货币的目标。

案例二:中国银联试水区块链 允许消费者跨行兑换奖励积分

2016年9月23日,IBM与中国银联预演"使用区块链技术的跨行积分兑换系统",该系统允许跨行、跨平台兑换奖励积分,消费者在一家银行的积分,可以兑换其他银行的积分奖励,甚至兑换多个航空公司的里程以及超市奖励,该系统可以大幅提高银行积分的使用效率。

奖励积分是银行常用的提高用户忠诚度的营销手段,但由于积分使用的场景、方式受限,大部分消费者对银行积分并不关注,甚至90%的用户根本不清楚自己的银行积分。中国银联电子研究院、国家工程实验室区块链研究总监严翔翔介绍,2015年,中国的银行用户取得的积分总额约400亿,但仅50%被兑换。

跨行积分兑换系统可以解除积分的使用限制,但按照传统模式搭建该系统成本极高。"预测400亿积分中25%需要跨行兑换,兑换平台手续费费率1%的话,一年收入约1亿,但构建这个对接多个银行、商户的中心化平台,成本远不止一个亿,"严翔翔指出,"但如果使用区块链,这一个亿可以全都省下来。"

区块链+电商：未来谁能颠覆马云

马云现在是一个神一样的存在，他不仅是青年导师，还是全世界政要的偶像，随随便便办个晚宴，请到的都是跨国巨头、各国领袖；更重要的是，他已经成为全世界的一种财富象征，是互联网新经济执牛耳者。

2009年淘宝双十一销售才5 000万元，现在任何一个垂直电商平台，5 000万元销售额根本不在话下；而到了2017年的双十一，成交额高达1 682亿元。掐指一算，不到十年时间，即达3 363倍的增长。双十一成就了电商，电商更成就了马云。

在2012年的时候，马云曾经与王健林约下了一场

2012年中国经济年度人物颁奖晚会现场

1亿元的豪赌：截至2022年，也就是10年以后，电商在中国零售市场份额占不到50%，马云就给王健林1个亿；反之王健林给马云1个亿。当年的1个亿，还只是王健林的一个小目标，但是时间过得太快，王健林已经不再豪气冲天，而马爸爸仍然在世界舞台游走，甚至美国总统特朗普也要给他几分面子。

作为电商界的扛把子，阿里的电商奇迹是人间楷模，又是一座无形的大山。未来谁能颠覆阿里，谁能颠覆马云呢？答案只有区块链。中国新四大发明中的"网购、支付宝"将被区块链技术一一颠覆。电商面临的最大挑战就是，要么成为区块链电商，要么被区块链电商革命。

人们对马云是又爱又恨：爱的是，消费时代人人都是剁手党，"中国男人、中国小孩成就了马化腾，中国女人则成就了马云"，因为中国男人赚的钱，都被女人转手交给了马云；恨的是，买家秀与卖家秀的反差、电商假货泛滥、用户数据泄露……，这些问题都是电商的难解之痛。

买家秀与卖家秀的巨大反差，经常成为网络的吐槽点，"买家秀和卖家秀之间尺码差了明显的2个XL，肤色更是差了两个范冰冰"。电商拉大了信息的不对称，网友购物仅仅依靠图片判断商品的外在，有模特展示后更是增进了想象的美好,结果眼见不能为实,上身才是关键。在买卖这条路上,买的没有卖的精,你不可能买到最便宜的好货,永远都有更便宜的货。

电商还有一个最致命的问题,就是假货。无论是巨头阿里,还是新兴的各种社交电商,都难以逃脱这个命运。传统电商平台是高度中心化的,既是运动员又当裁判员,谁都难对自己的亲孩子下手,精力也不济。我们很难想象依靠自觉能清除假货,电商平台注定难以驱逐假货。人人都想买到便宜的东西,人人又担心假货,这几乎是个死循环。

移动支付

说到电商,支付宝是电商交易的一大创新。买卖双方往往最缺乏信任,一方想先拿钱,一方要先拿货,这才有了第三方担保资金的做法,支付宝的出现,让自己成为信任中介。但支付宝是永远安全的吗?万一哪天支付宝出了问题怎么办?当然你可以说支付宝的老板永远不会动脑筋去动客户的钱,但万一他动了呢?作为高度依赖中心化服务器的公司,支付宝万一受到攻击怎么办?万一崩溃了怎么办?就好像1977年的纽约大停电,那个时候我们的钱是不是会打水漂?2018年6月底阿里云的一次"登录异常"故障,虽然只是短短一个小时,但让大家的心都悬到了嗓子眼上。

电商的痛,还有大数据时代频频泄露的用户信息。马云每年都会发布他的支付宝报告,说某省的女人爱买什么商品,她们有什么喜好,甚至一对小夫妻住多大的房子,什么时候恋爱,当天晚上行房没有,准备什么时候要孩子,马爸爸都了如指掌,马爸爸成为消费者肚子里的蛔虫。但是人们也有一个担心,那就是数据泄密。数据泄密在美国都很难避免,中国的数据泄密还只是冰山露出的一角。中国某个互联网大鳄曾说过,中国人为了方便不在乎隐私泄密,话音刚落,他自己的个人感情隐私就被泄露了,搞得他连忙让公司出面辟谣,结果越抹越黑。

区块链时代,这些难题是怎么解决的?为什么说区块链能颠覆马云?

区块链电商,可以把商品供应链的每一步都写在区块链上,同时邀请用户一起参与记账。通过去中心化的机制、分布式记账,再加上时间戳,区块链电商上的所有信息都公开透明,并且不可修改。这个时候商家的所有行为都将被记录,生产、加工等环节,都将通过图片和视频的形式上传至区块链,每个信息都包含当时的地理位置和时间,无法作假和修改。这样,用户在购物时,就可以随时查看这些信息,商品好不好,不只依赖最终的肉眼辨识,整个过程都可以被查看。

区块链有一个应用,就是产品溯源。虽然三聚氰胺奶粉事件爆发于 2008 年,如今中国的消费者还是对国产奶粉不放心,甚至对从跨境电商处购买的进口奶粉也不放心,有些人最终选择让亲人直接"背奶",人拉肩扛地从国外亲自背回来。区块链时代,大家就可以省很多力气了——国内的奶品可以溯源,安不安全直接能追溯到生产的每一步;国外的奶品也能实现全球原产地溯源。未来,区块链技术还将支持跟踪、上传、查证跨境进口商品的物流全链信息,每一个商品也将拥有独一无二的"身份证",供消费者查询验证。所以,是不是假货,是不是真正的海淘商品,在区块链时代一目了然。

区块链天生就是一台创造信任的机器。区块链电商时代,买卖双方不再需要支付宝做中介,只需要凭借区块链上的数字身份就可以彼此信任,点对点直接交流,不需要担保机构。基于智能合约,买卖双方就能进行交易,确认满意后自动以 Token 形式支付。如果是跨境电商,Token 转账的手续费几乎可以忽略不计,这比支付宝要方便快捷许多。很多转账或者跨境汇款将极为方便,手续费几乎为零。

在保护个人数据方面,区块链技术不用频繁分享传输个人数据,仅存的数据也只用来完成服务登录、身份验证和电商支付,这一下子解决了数据频繁调取导致泄露的风险,这就是区块链的独特魅力。而且区块链核心的底层技术,就是加密学,通过公钥和私钥,把个人的数据保护得很好,你随时可以查看你要看的数据,但是你不会看到别人的数据,这就是加密和去中心化信任。

区块链为什么是一次新的革命?因为它才是真正的下一代的互联网。人类发明互联网的本意是让地球成为地球村,让交易成本下降到最低。然而,现在全球范围的互联网垄断开始侵蚀互联网的价值,人们开始呼唤价值的重新回归。把区块链应用到电商领域,将大幅降低交易的费用,同时提高交易的安全性和透明度。

所以区块链电商时代，消费者将重新获得价值红利。

区块链时代，将迎来真正意义上的共享经济。现在的共享，更多是租赁的概念，利用闲置资源的时候，也增加了对资源的消耗。而滴滴、Airbnb 的出现，只是又一个平台型企业的崛起，如果平台独大，就会出现用滴滴比出租车贵的情况。未来的区块链应用，不仅要去中心化，没有平台垄断，也会彻底去中介化，买卖双方可以直接见面交易，没有中间商赚差价，而且智能合约还能保证交易的完成。

区块链时代，就会出现一种新的应用 DAPP，去中心化的应用，那就会诞生新的阿里巴巴、新的京东、新的滴滴、新的 Airbnb。因此，未来的区块链时代，会出现新的商业革命。那个时候，超越马云的时代就来临了。

附：区块链 + 电商案例

案例一：京东全球购 2018 战略规划——用区块链全程溯源

2018 年 4 月 14 日，京东公布了京东全球购 2018 年战略规划，售前、售中、售后三个环节品质保障举措升级。

在售前环节，京东全球购通过"买手团"把控源头质量关，按照最高标准遴选品牌与产品，提升商品入驻门槛，并通过检测机构对非知名品牌、安全性要求较高的商品进行检测，确保入驻商品达到质量标准。

在售中环节，京东已建立区块链防伪追溯解决方案，将逐步覆盖京东全球购业务，实现"全程溯源"：在生产阶段通过区块链技术由品牌商为商品记录下第一条身份信息，随后进入京东海外仓、出口报关、国际物流、进入保税仓或直邮至中国海关口岸报单清关、国内分拣、京东自有物流配送、消费者签收等环节，现场工作人员都会为其独立记录信息，附有工作人员的数字签名和时间戳，且所有记录的信息都确保真实，无法被篡改。

案例二：中国电子商务区块链规范发展中心成立

中国电子商务区块链规范发展中心隶属于工信部主管的中国电子商务协会中国电子商务应用推广中心，是"中国电子商务新经济产业发展课题组"的重要职能机构，致力于规范区块链市场环境、开展区块链技术研究和专业培训工作。中心下设专家委员会、秘书处、培训部、活动部、会员服务部、外联部、技术推广部、行业研究部、调研部、媒体部等部门。

工信部于2017年底正式发布《区块链数据格式规范》标准，在2018年5月发布《2018中国区块链产业白皮书》，为区块链系统的数据结构设计、区块链行业应用统一数据标准提供了参考依据，并对我国区块链技术在金融领域和实体经济的应用落地情况做了深入分析和趋势展望，对我国区块链标准建设、规范发展具有重要意义。

中国电子商务区块链规范发展中心的成立将在当前区块链行业快速发展的形势下，着力开展区块链技术规范、区块链企业经营规范、行业发展规范方面的研究和培训教育工作。中心依托"课题组"强大的资源优势，进一步整合区块链技术领域、应用企业、研究机构和媒体资源，形成集规范发展研究、从业人员技能培训认证、创新技术应用推广、区块链企业规范发展监督指导、行业标准研究等五位一体的中心工作机制。

区块链＋文娱：如何躺着赚钱

在姜文的电影《让子弹飞》里，有一段姜文和葛优在公堂上关于生财之道的对话，台词耐人寻味。

姜文掏出手枪问道："凭这个能不能挣钱？"

葛优："能，山里。"

姜文又掏出县长的惊堂木："凭这个能不能挣钱？"

葛优："能，跪着。"

《让子弹飞》电影截图

姜文啪地一下把手枪和惊堂木拍在一起："这个，加上这个，能不能站着把钱挣了？！"

姜文要表达的意思很明白，就是"我们不能跪着赚钱，要站着就把钱赚了"。怎样站着就把钱赚了呢？靠着一把枪和惊堂木。其实，站着赚钱也是很累的。区块链创富会让你躺着就把钱赚了。

可口可乐瓶设计师后代躺着赚钱

美国有一个有钱的主儿，他的祖上做了一件大事，就是给可口可乐设计了一个瓶型——像美女腰身的玻璃瓶。这个瓶子非常经典，一看就像美女的身材，凹凸有致，拿着也非常称手。当年设计出来后，设计师就和可口可乐签订一个协议：不用给设计费了，但要求每卖出一瓶可乐付 0.4 美分。0.4 美分看似微不足道，但是可口可乐每年的销量是惊人的,而且这个合同还没有期限。

1915年的瓶型奠定了可口可乐经典外观

现在,这个设计师的后代天天躺在海边的豪宅里赚钱。其实,用区块链的思维来看,这就是典型的智能合约。但是为什么现在很多艺术家的生活都很苦逼?网上有一个段子:自己非常有创造性地写了估值10万元的歌,平台切4万,版权中心割2万,某某人又来一点,最后自己非常荣幸地拿到了几千块钱,而且自己的歌从此传遍大江南北,却再也没有一个人给他钱。

区块链时代可以把这一切改变,真正地让创造财富的人享受财富,这就需要我们所说的智能合约。

智能合约带来"优胜劣汰"

"智能合约"这个术语至少可以追溯到1994年,是由跨领域学者尼克·萨博提出来的。他在发表的几篇文章中提到了智能合约的理念。他如此定义："一个智能合约是一套以数字形式定义的承诺，包括合约参与方可以在上面执行这些承诺的协议。"也就是说，智能合约以数字化的方式来约束参与方的规定与承诺，一旦违反规定就会自动触发智能合约，杜绝赖账、错账的发生。

智能合约的运用，将不同程度解决合同纠纷的问题，一旦条件满足，智能合约会主动触发，立即执行。智能合约带来的结果将是优胜劣汰，好东西将被展现给更多人，那些不好的、盗版抄袭的东西将被剔除。

区块链让艺术家"躺着赚钱"

我们经常说合同，但是什么叫合同？通俗地说，合同就是大家合在一起都同意，大家签字、认账，然后坐等收钱的一种要约。但是当要约改变的时候，你怎样才能赚更多的钱？如果是音乐家的智能合约，它会主动触发付款——每当有人点击你的歌时，就会自动付钱给你。很多人说乔布斯的 iPod 彻底摧毁了唱片行业，自此再也没有什么白金唱片了，似乎音乐家的好日子到头了。但是区块链可以让这些音乐家重新感受到黄金时代。

很多娱乐行业的人都了解，艺术家、音乐人与电影人最大的财富就是创造力，创造力直接体现在作品版权上。但音乐、电影等娱乐行业目前存在的问题是，

乔布斯的 iPod

最后变现且作者能拿到的版权收入少之又少。因为其中有太多"中间商赚差价"。每家中介机构都将拿走一部分利润，剩余的收入只能是小部分，而且最终到达艺术家和音乐家的手中还需要半年到一年半的时间，甚至更长。也就是说，你辛辛苦苦花了几个月创作出一首歌，也受到了很多人的喜爱，但却很难收到合理的版权费。

很多人认为，互联网可以帮助音乐人和电影人等艺术家实现民主、公平，但现实的情况正好相反。因为网上的 P2P、个人下载等，一下子让音乐家和电影人遭遇了盗版之痛、盗版之苦。就像衣着光鲜靓丽的人，还没走出门口就被人扒光了衣服。而且更为不幸的是，艺术家们经常需要交出作品的控制权，因为很多人将创造内容作为一种谋生的手段，不得不接受这样的条件。也就是说，一首歌写好了之后，就跟你没什么关系了，一个画家画出了一幅画，虽然未来价值连城，但是他却不能坐享这幅画的升值利益。因为他早早就以很便宜的价格把这幅画卖给了画商。

未来如何解决这些问题呢？通过采用区块链技术，可以创建一个公平和可持续的艺术生态系统。

区块链是一个去中心化、可追溯的变革式技术，确保了内容所有者和艺术家可以得到他们的权利，而不会被挤出游戏。区块链智能合约让那些有才能的人可以决定如何使用他们的内容，谁可以访问它。更重要的是，没有什么可以被篡改、复制或劫持，收入也不会流向他人。

音乐人、电影人等艺术家得到了更好的回报，那些被消费的内容，通过立即支付和分配，价值也得到了更好的体现，没有混乱，没有猫腻，没有问题，一切都将是真正的平等与公平。

多伦多的工业摇滚乐队已开始使用区块链技术。该乐队的网上商店直接售卖音乐及相关产品，如果歌迷用比特币支付，光盘和T恤还可半价优惠。歌迷也可以用比特币打赏乐队和免费下载歌曲。加拿大出生的大提琴演奏家、作曲家佐伊·基廷计划不仅用区块链注册和推进数字版权，而且还用于与歌迷直接交流感情，为他们提供特殊待遇，向潜在客户或合作伙伴提供更大的透明度。

区块链让真正创造财富的人得到财富

很多人说，中国人很"聪明"，只要你能做出来的，不管是任何产品，国人都能迅速做出一模一样的，而且价格还会比原来的低好多！这对很多想要免费获得作者作品的人来说似乎是捡了个大便宜，但对原作者却是一场噩梦。你想想，作者辛辛苦苦，把自己关在一个小屋子里创作出来一首歌，最终这首歌成为流行歌曲。但是很快就出来一大堆盗版的作品，而且还不会给原作者一分钱。"辛苦一年，不如盗版一天"，这大大地减退了艺术家们的创作热情。

区块链是音乐家们的福音，利用区块链的智能合约技术，很多公司开始联手合作，建立一个公平、透明化的平台。这样的平台可以把一首歌转化为商品，谁用了，谁下载了都能清清楚楚地记录与交易，不会出现盗版与赖账的情况。这就满足了音乐创作者、音乐爱好者和其他相关机构各自的需求，实现了共赢。

区块链还可以解决电影上映的效率问题。中国是世界电影大国，一年要生产近800部影片，产量已经

《战狼2》单片票房达56.83亿元,占据2017年中国电影票房10%

高居世界各国前列。不过,这么多电影能被观众看到的却很少,如果不是有大牌明星,影院都不给排片。所以每到电影上映的时候,就会出现导演、电影发行方和影院隔空喊话、制造话题的现象。如果用区块链技术,电影自然会优胜劣汰,而且会最大限度地让粉丝、爱好者看到。区块链的特点是去中心化,可以让每个人的作品都能得到展示。展示的过程不受中心化机构,诸如发行公司和电影院线的控制。

可能有人会说,到时出现了一大堆质量很差的作品怎么办?这个大可不用担心。因为区块链上决定你作品上下架的是每个人的投票权。如果你的作品被一定的人吐槽，那么你只能自动下架。如果你经常上传一些违反公序良俗的作品，那么你可能都没有机会在这个链上生存了。

所以，区块链技术的发展，让电影人和音乐人都能够直接与受众对话，这样就能真正地干掉中间商，实现去中介、去中心。而音乐人或电影人的作品产生的收益也将完全属于知识产权所有者。很显然，区块链的应用会促使更多充满创造力的作品诞生，会产生双赢乃至多赢的局面。区块链让真正创造财富的人得到财富。

区块链技术给娱乐产业带来的变革，正在一步步地推动着文化产业的发展，将真正开启一个百花齐放、百家争鸣的时代。

附：区块链+娱乐案例

案例一：好莱坞将使用区块链等技术来打击盗版电影

好莱坞正在逐渐采用具有间谍技术的剧本来对抗电影盗版，之所以说这种剧本应用了间谍科技手段，是因为这种新剧本具备自我销毁功能。

据报道，电影公司现在除了粉碎文件外，还会使用加密技术和防篡改、防拆封的文档来防止电影故事情节被泄露出去。盗版行为每年会导致美国电影行业损失大约 220 亿英镑，这些盗版行为就包括在网上泄露和传播剧本、影片等内容。

盗版商就像偷电影胶片的恶棍，而制片人现在不仅使用非常规手段来拍摄大片，还会用非常规手段来打击这些恶棍。迪士尼在 2012 年斥资数十亿美元收购了卢卡斯影业 (Lucasfilm)，而迪士尼目前防止剧本泄露的手段是将《星球大战》系列的剧本都印在无法被复印的深红色纸张上。迪士尼旗下的漫威影业在 2016 年担任了《美国队长：内战》的制片方。这部电影的剧本在每天拍摄结束后都会被收回并粉碎掉。

HBO 电视网出品的电视剧《权力的游戏》是有史以来被非法下载次数最多的电视剧，这部剧的剧组为明星们提供了电子剧本，这些剧本一旦被读过就会消除。演员尼可拉·科斯特－瓦尔道（Nikolaj Coster-Waldau）对媒体说道："制片方（在保密工作方面）非常非常严格。我们实际上在拿到（电子版）剧本和拍摄完相关场景之后，就会发现剧本被消除掉了。这种剧本就像《碟中谍》里表现的那样具备自我销毁功能。"

《饥饿游戏》系列电影也采用了类似的保密措施，该系列电影的剧组所提供的每一个剧本都是独一无二的，而且为了便于追踪外泄的版本，每个剧本中都有文字改动。

美国电影协会(MPAA)主席查尔斯·瑞夫金（Charles Rivkin）在接受媒体采访时表示，电影行业所产出的有价值内容是行业自身的"命脉"。他说："盗版商从创意公司窃取内容会导致这些公司的员工失业。这场（与盗版的）斗争必须进行下去。"他还表示，加密区块链技术有可能改变好莱坞的内容共享方式，这项技术已被应用到了加密货币交易领域，他对此说道："区块链是一项非常了不起的技术，我认为它在任何行业都将会富有成效并产生颠覆性的进步。我认为现在下结论还为时过早，毕竟我也不是专家，但区块链技术可能会为数字产品的分销过程提供很可观的安全保障，同时这一技术也可能会协助我们去打击盗版。"

案例二：区块链创业公司 JAAK 开发音乐区块链

伦敦创业公司 JAAK 为娱乐和传媒公司开发了一种区块链，可以通过以太坊及 Swarm 捕捉、存储和验证元数据。

当媒体信息通过供应链传达给消费者时，JAAK 就会将其与元数据连接。这项创新旨在降低供应链的复杂性和提高效率，以实现支付信息和使用数据在传媒公司和创作者之间无障碍的实时传输。创作者青睐区块链，当下利用区块链技术让创作者与粉丝和用户直接连接已成为一大趋势，而 JAAK 正是这一风潮参与者。

音乐可以被放置在分散的服务器上，然后嵌入一段代码，这意味着任何通过加密货币下载内容的人都会自动向创作人、制片人、歌手以及许多其他音乐创作的相关方进行支付。音乐创作人希望对自己的音乐拥有更多所有权，以保证他们能够公平且快速地获得作品销售的酬劳，同时简化音乐创作人和歌迷之间的关系。

区块链+社交：如何颠覆微信和Facebook

依靠社交平台Facebook，34岁的扎克伯格成为全球最有钱的80后，身家高达740亿美元。Facebook可谓互联网上最大的共和国，用户突破20亿，超过了中国、印度的人数总和。要知道，全球网民也才60亿，它占了1/3。

不过扎克伯格也面临着很大的危机，小扎不停地向美国人民道歉，为什么道歉呢？因为Facebook上的大数据被人利用了。因为数据泄露，他还在美国国会接受议员们的轮番质询。据媒体报道，Facebook曾向苹果、亚马逊、微软、三星等公司提供大量用户及其好友的深度数据。一桩桩泄露事件，让公众对Facebook的信任降到了冰点，董事会甚至要求扎克伯格辞职。

Facebook上几千万人的数据，被一家英国剑桥公

Facebook 创始人兼 CEO 扎克伯格出席"泄密门"听证会

司挖掘走了,这个挖掘虽然是付了一定钱的,但是之后,你会发现一个非常可怕的现象:你所有的爱好,你给谁点过赞,你的政治立场,你所有的东西全部被它收入囊中,这个时候就出现"人算不如机算",机器在算计你,你算得过它吗?机器能够改变你的世界观、价值观,比如说你喜欢驴,它告诉你驴不好,大象好,最后的结果是,你本来喜欢驴,最后你却买一头象回来了,结果作为大象的共和党的特朗普赢了美国大选。

国内社交大佬马化腾也在四处应战。微信频繁调整公众号的功能,并采取更多保护作者、赞赏作者的措施,试图留下大批创作者。与此同时,互联网的入口争夺正在加剧,腾讯和今日头条的"头腾大战"打到了法庭上。

马化腾

事件的一方要保持自己的流量霸主地位,而另一方铁了心要发起挑战。

互联网时代的社交巨头们,面临的问题还不止这些:微信被吐槽广告太多,朋友圈简直没法看;微信掌握着对公众号文章的生杀大权,微信平台成为对内容审查最严的平台,其控制程度甚至超过了百度。

那谁能解决扎克伯格的烦恼?我们的隐私和选择权如何被保护?下一个微信级的平台应用什么时候出现?答案就是区块链应用。

我们不妨分析一下当下社交媒体的模式:传统社交平台依靠中心化的结构,由用户产生内容,平台制定规则、完成内容的存储和分发。用户在平台上的一举一动，所产生的社交数据被平台掌握，平台通过精准的广告推送，获得巨额的收益。

互联网时代，你以为是你在上网，其实是网在上你。中心化应用对于社会的发展，正在起阻碍作用。这些应用如被别有用心的人控制，就可以轻而易举掌握你的爱好、你的行为趋势，然后通过定向的方式，用算法来影响你。假如你本来要去投希拉里的票，但被操控后的大数据定期给你爆她的黑料，大数据推送很容易改变你的心智，这就叫大数据洗脑。美国人最怕自己被人洗脑。有人说，扎克伯格很早就知道他的大数据被人利用了，但他没做任何反应。现在我们无论登录哪一个平台，哪一个 APP，都要求查看你的通信录，查看你的相机，查看你所有的东西，等于你是透明的；互联网正在形成一个金字塔型的社会，巨头们、老大哥时刻在盯着你的一举一动，甚至可以登堂入室，监视你的所有私生活。

而区块链应用首先规避了用户信息被获取。区块链社交平台，会允许用户在自己设备上运行节点，从而接入网络，用户的交流通过点对点连接，而且以加密方式被存储，也就是说，如果想读取用户的数据，就必须获得密钥。

这样的机制就很好地避免了个人数据被记录和泄

密。用户完全控制着个人资料，不再需要出让隐私，就能获得社交便利；而社交网络也不再是一个中央枢纽，只是蜂巢式组织。

传统社交平台往往出现头部或大 V 垄断平台资源的情况，长尾中的普通用户很难获得平台收益，只是贡献了注意力，完成了对名人的"点赞、评论和转发"。这样的弊端是：新的社交平台一旦出现，首先会考虑用重金挖走之前平台的明星和头部资源。平台在缺乏头部资源和奖励的情况下，很难生产新的内容，最终被新平台替代。但区块链可以让每个人都获得奖励，这无疑是内容创作者的又一个春天。只要你发布内容，就能分享平台的收益，普通人也会有奖励，这样内容就会源源不断被生产，而不用仅仅依赖明星和头部资源。

现在很多自媒体人拿到的广告分成，也只是平台的九牛一毛。2017 年 Facebook 的营业收入高达 400 多亿美元，但真正生产内容的用户，却没有因此而受益。未来，人人都能分享收益，你发布的图片、短视频，录制的歌曲，创作的文章，都能立马变现，区块链社交平台将把大部分收益分给创作者，把一部分收益分给转发者，平台的商业模式也将发生改变。

区块链社交平台还将杜绝网络假新闻、键盘侠的出现，也会让水军、删帖、买粉的行为无处藏身。区块链

脸书（Facebook）

本质上是一个分布式数据库，所有的记录都彼此相连，要改变中间的任何数据，就必须改变前后的记录，这几乎是不可能的，所以区块链社交时代，人们会更加注重自己的声誉，你发布的内容，你对帖子的回复、评论，都会被记录在案。键盘侠的肆意攻击也会被一一记录，这就约束了每个人的行为，如果你买了假数据、假粉丝，区块链上也都有迹可循。区块链社交，人人相互监督，人人平等发声，每个人都会在乎自己的社交声誉。

区块链社交还会形成新的共识。在电影《十二公民》中，12个不同阶层不同职业的人坐在一桌，讨论一个

20多岁的富二代是否杀了自己的父亲。由于这12个人背景迥异,因而对案件很难达成共识。传统的社交平台往往会通过发布平台内容声明,建立一种共识机制,但权力是掌握在中心化平台自己手上,普通用户只有勾选同意的份儿,这就造成了很多内容因为不明不白地违规而被删除,平台自由裁量权过大,让用户无所适从。而区块链时代,人们将在民主的状态下达成一种共识,所有人都将参与其中,没有人能简单粗暴地干预内容的生产,去中心化的应用也让随意删除节点上的内容变得困难。

20世纪90年代网站的出现,让我们可以自由交换信息;21世纪初,社交巨头形成了新的信息控制;区块链时代,就是要重建一种秩序,去中心化更像是互联网共产主义。

传统互联网时代,社交平台主要是分割用户的注意力,谁吸引用户眼球,占据用户使用时长,谁就是霸主;区块链时代,将重新定义用户注意力的价值。

今日头条宣称你关注的才是头条,背后的逻辑其实还是中心化。虽然通过人工智能进行内容的分发,但权力依然由平台掌握。而区块链社交,你看到的内容会在一种共识制度下产生,你的注意力就会产生价值,看广告会有收益,看文章也会赚钱,发布内容更能变现。

每一代人都有自己的社交应用，70后是博客时代，80后在论坛发帖，90后使用QQ、微信，那00后呢？下一个杀手级的社交应用在哪儿？区块链社交呼之欲出。

附：区块链+社交案例

案例一：Castbox——首个"+区块链"音频内容应用

Castbox（播客应用）是国际版的喜马拉雅，平台支持超过70种语言，拥有超过5 000万份音频内容和来自135个不同国家的超1 720万用户。

音频内容市场从2011年至今一直处于高速发展期，用户数量不断激增，然而流量变现的问题却始终存在并困扰着这个市场。尽管数据显示用户为内容支付的意愿和实际结果都在持续增长，但平台往往雁过拔毛，单靠粉丝经济只会使一些本身已经拥有大量流量的用户受益，而一些短期内无法获得大量粉丝的优质节目却可能会因为变现问题而难以生存下来。

区块链技术的出现给这样的困境带来了全新的解决方案。2018年6月1日，Castbox推出了一款新的加密货币钱包——BoxWallet，BoxWallet将被嵌入到Castbox中，用户可以直接在Castbox中进行以太坊和

BOX代币的兑换。

在应用中嵌入Token的意义不仅仅是打赏，而是建立一个生态，而支付必然是整个生态中最核心、最重要的特性。在播客平台中，无需进行人民币、美元充值，只需使用ETH或者BOX即可进行支付，购买喜欢的内容，大家使用同一种代币结算方式，无需进行汇率转换，所有支付信息上链，可追溯却不可篡改，公开透明却又安全可靠。

对于读者而言，在Castbox平台上，不仅可以体验优质的音频资源，同时还可以通过一系列官方活动或者激励机制来获取代币，让读者作为平台运营者的一部分，一起维护平台和社区的发展壮大。对于作者或者内容分享者而言，在基于Token的内容平台中，比如以音频为主的Castbox或者以文字为主的平台，通常可以获得更高、更透明的收益，从而促使内容分享者进一步分享高质量的内容，直接增加平台本身的价值。从广告商的角度来看，对于垂直领域较强、受众人数多、用户黏性大的平台而言，更愿意花钱投放广告，这里投放的方式可以是到二级市场买Token，也可以直接付费给平台运营商，然后平台运营商靠这些资金可以更好地运营平台本身。

案例二：韩国首个世界级娱乐项目区块链 ENT 正式上线

ENT 是韩国第一个基于区块链技术的娱乐产业平台，它为全球分布式社区提供了一站式解决方案，由两家上市公司共同发起。ENT 是一个大的生态系统，是一个去中心化的区块链产权交易平台、智能合约平台，它不仅能够解决包括支付系统里娱乐行业购票的跨境支付问题，还是一个内容分发平台和流媒体平台、游戏分发平台和游戏里虚拟物品的交易平台等。

从目前的市场状况来看，全球泛娱乐产业市价超过 2 万亿美元。娱乐业作为消费行业，对运用数字资产支付具有极大的需求。该产品会首先在明星演唱会门票、衍生商品销售时得到应用，还会和实体经济以及支付系统、信用系统相结合。如果全球知名的艺人都支持 ENT 公链来发行自己的专属代币，粉丝和明星通过 ENT 生态进行交流沟通，就意味着原本小众的区块链技术，将会真正地落地实践。ENT 会让明星和粉丝在专有的 ENT 生态社交网络上达到更紧密的联系，做到实时双向互动。

ENT 生态的参与者一般包括：偶像明星、经纪公司、广告商、平台、粉丝观众、投资者等。其中的 ENT Cash 作为生态代币将在手续费、交易、支付、抵押物等环节，在各个参与者之间流通，并代表明星专属代币的出入口，与 ENT 生态外的其他资产进行贸易和交换。

区块链 + 搜索：干掉百度、谷歌

现在的网络搜索引擎，有百度，有谷歌，甚至有微软的 Bing。大家都在发明自己的搜索工具，人们都觉得搜索是一个机会，但是搜索是什么？就是一个快照，有文字、图片和视频等。

区块链搜索，搜索出来的是什么？是一个考古学的信息包，是一个区块，这个区块里头有时间，有地点，有人物，有交易的历史，甚至能告诉你未来会怎么发展。所以它的信息会像新闻学一样，符合五个 W（What, Who, When, Where, Why）的要求。为什么考古学家看到一个瓷器的瓷片会那么激动呢？因为上面记载了当时的社会信息：当时的工艺怎么样等，当时的生活水平怎么样，甚至当时的服饰传统怎么样。所以有人说，女孩子最好找考古学家做老公，越有年代感的他越喜欢。

用区块链搜索，搜索历史上的区块链价格，就会搜到硅谷当年有一个比特币大神。这个哥们儿曾经做了一件非常豪华的事——用一万个比特币买了两个比萨。当

时比特币的价格是多少?是 0.003 美分。当时一万个比特币,就只值两个比萨。如果这一万个比特币留到现在,相当于 4 亿元人民币。这哥们儿用 4 亿元人民币买了两个比萨,堪称历史上最让人后悔的交易!

当然,风水轮流转。你用区块链搜索,搜索完了之后会发现这哥们儿后来又用比特币买过两个比萨,这时候可能用零点零零几个比特币,还好这个哥们还有些比特币。如今,很多区块链公司,发工资都是用比特币,一些人一个月就能挣几个比特币。

区块链搜索会抓取记录当时的一切。有一个段子,

用比特币买比萨

很形象地说明了区块链的应用：区块链是女性朋友的福音。网上有句话说再漂亮的美女都要集齐七个渣男才能遇到真爱。对于女性来说，最大的问题就是男人说话不算数。但是区块链时代将彻底改变这一切，比方说在某个月明星稀的晚上，你的男朋友对你说，我爱你一生一世。很多人说这种海誓山盟、花前月下，说过就说过了，你再去找后账能找得到吗？但是区块链时代不一样，当时的月明星稀、当时花的香味、当时他说这个话的神态，区块链技术都记录下来了，你把它打成一个包，这叫一个Block，一个区块。然后发到你的微信、微博，你的父母、对方的父母，你的朋友、对方的朋友的区块链中，这就形成了一个Blockchain，就是一个链条。

那这个链条有什么用呢？接下来就是区块链应用：突然有一天，这个男朋友变心了，移情别恋。他又对别人说了我爱你一生一世，这时就会出现智能合约，自动触发，以前的那个区块链的包就蹦出来了。他的父母、你的父母，你的朋友、他的朋友，大家都知道他是一个渣男。当然很多人说，曝光又有什么用呢？当然有用，如果你的区块链足够长，那这个人一辈子都别想找到新女朋友了。看来区块链时代，男女出轨的成本都太大，人人都不敢作弊，社会也会更和谐。

显然，区块链搜索比互联网时代的搜索更全面，网友也不用担心竞价排名的问题。真实、完整的信息，将让区块链搜索更透明、更安全、更有价值。

附：区块链+搜索案例
案例：区块链搜索引擎 Tokenview

Tokenview 凭借顶尖区块链研发团队，已正式开启去中心化搜索引擎的打造进程。区块链搜索引擎 Tokenview 对决老牌 Google，谁将会是最终赢家？

Tokenview 瞄准区块链浏览器核心功能，全面支持全节点多币种哈希交易的查询，包括块高、块哈希、交易 ID、余额、钱包地址等信息。这意味着在 Tokenview 可以同时查询 BTC、BCH、DASH、LTC、ZCASH 等主流电子货币，彻底摆脱在各个浏览器频繁切换查询的繁琐过程。ETH 及 ERC20 等代币，最新爆块也将在短期内实现查询。客户可以登录其官网，输入关键词即可秒级查询，且数据精确。Tokenview 下一个版本正在紧张研发阶段，将支持所有白皮书和交易所查询，并根据用户搜索习惯定制每个人独一无二的专业数据分析模块，实现大数据的整合与检索。未来，它将完全实现专项区块链信息查询。

区块链+媒体：如何创办真正的区块链媒体

什么是媒体？教科书上的说法——媒体是从传播者到接受者之间传递信息的载体。区块链时代，媒体的属性正在发生质的改变。

媒体的变迁大致可以划分为四个时代。

第一个是古典媒体时代，传统的报纸、杂志、广播都属于古典媒体；第二个是社交媒体时代，社交媒体是人们彼此分享见解和观点的平台，人们不用晚上7点准时守在电视机前看新闻，所有信息来源都换成了刷朋友圈和微博，"朋友圈成为一种生活方式"；第三个是智能媒体时代，根据大数据演算你的阅读习惯，当你点开一则新闻，就会出现无数类似的新闻。但算法构建的阅读世界里，人们容易陷入各自主观偏好信息与观点的漩涡中，舆论无法统一，世界的呈现方式也日趋碎片化；第四个时代是区块链媒体时代，在这个系统中既能杜绝假新闻，又能获得内容激励和变现，写文章、看文章都能赚钱，人人都是创作者和受益者。

真正的区块链媒体，不是报道区块链的媒体（Blockchain Reports），而是运用区块链的分布式、去中心化、不可更改和智能合约的技术特征，能发放Token的全新分布式媒体（Distributed Media）。以区

古典媒体时代以报纸媒体为代表

块链技术和应用为基础,用区块链的思维和方式经营媒体,这是一种全新的媒体生态。

以古典媒体为代表,前三个时代的媒体均是中心化的平台,手握文章生杀大权,审核机制并不透明。例如在微信公号中,文章能否发布需要机器或人工编辑审核,所有的文章都要经过中心化的平台,平台的审核标准影响着作者的创作;若文章标题出现敏感议题,审核时间将大大延长,即便审核通过,一旦被举报,微信便马上删除该文章以自我保护。而区块链媒体时代,分布式、去中心化技术,会让内容的发布和分发更加公平、公正、客观,人人都可以发表文章,人人都可

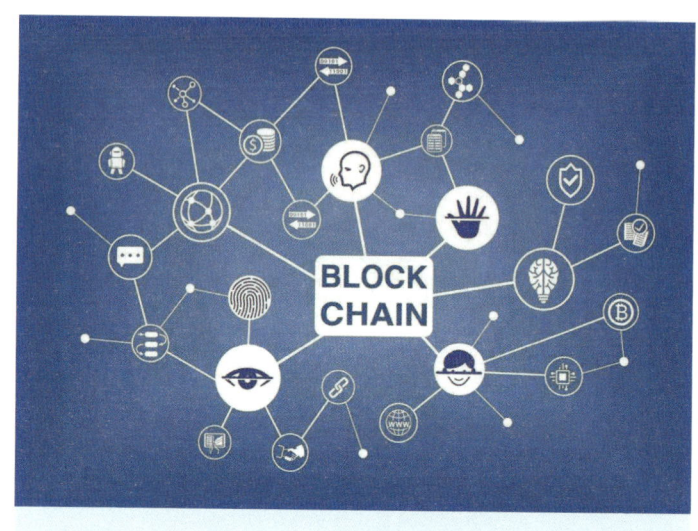

区块链

以对文章作出评价,而且人人都可以根据贡献值获益。区块链技术的到来,将解决媒体发展中的痛点,预示着一个新的媒体时代的到来。

  区块链媒体能更好地保护知识产权,作者发表的每篇文章都会记录在共同维护的公链节点上,并保护其原创性;文章内容不会轻易被篡改,也不会无故消失,可以杜绝洗稿、盗版、任意删帖的乱象。基于这样的机制,作者每发表一篇文章,都可以获得 Token 奖励,文章被别人转发增加的阅读量,也能获得 Token。区块链媒体中,读者也能获益,当你看完一则广告或转发了

城市中央商务区

某篇文章，都能得到相应的 Token 分成。这一点有别于以往任何媒体，以前即使阅读量增加，由于作者和媒体是一锤子买卖，稿费无法体现后续的传播价值；智能媒体时代，自媒体可以获得广告分成，但只占平台收入的极小部分，"平台吃肉，作者喝汤"，读者更是如局外人般没有任何参与感。区块链媒体则可以带来一种全新的创作和分享机制。

区块链时代也将提升媒体的公信力。2018 年 5 月，某网络媒体发布了一篇关于"区块链美女记者讲述链圈纸醉金迷"的文章，造成轰动且被疯狂转发，然而事后被证实是假新闻。很快，有超过 50 家区块链媒体批评其追求流量、吸引眼球的不负责任的做法,共同发声抵制这家网络媒体。这次事件是区块链思维的一次媒体实践,在区块链世界里,一旦你在某个节点造假,大家就不带你玩了,"一次造假,终身受罚"。

区块链媒体是一种新的创富机制。在区块链世界里,有一个比马云还富有的90后,他就是V神布特林,在之前的篇章中也有介绍。其实,V神最早就是一个区块链媒体人。V神最早是为《比特币周刊》撰写文章,当时的稿费就是比特币,一篇文章能获得5个。之后便一发不可收,他开始自己创办一份刊物——《比特币杂志》。最终他干脆自己创造一套新玩法,就是大家所熟

V神布特林

悉的——以太坊和以太币。

区块链正在开启第四次工业革命，区块链媒体则肩负着传播区块链知识、改造媒体和社会的责任与使命。区块链媒体就是要做到正本清源，告诉大家什么是区块链，并用区块链思维改造媒体、运作媒体，体现区块链媒体的真正价值。

媒体革命已经来临，期待中国可以诞生一家真正的区块链媒体，在这个信息巨量化、茧房化的世界里，构建一种基于区块链技术的分布式、去中心化媒体新生态。

区块链+品牌：从UGC到UGB，你就是品牌

品牌的出现，就是为了减少消费者购买过程中的决策时间。从制造产品到拥有品牌，后者是无数企业家梦寐以求的结果。

传统经济时代，品牌声名鹊起，一部分是因为优质的产品，一部分源于广告的巨量投放，无数的投入打造了如今享誉全球的品牌。进入互联网时代，新品牌层出不穷，信息巨量化和粉尘化，如何快速成长为知名品牌却困扰着很多经理人和企业家。

品牌经济发展至今，正遭遇一系列的挑战：过去

的品牌传播是中心化的，需要通过传统媒体，中心化、集中式、平面式地影响目标人群，但去中心化的社群出现后，品牌传播需要新的方式；互联网时代媒介资源形成新的垄断，新品牌传播声量式微、路径受限；但消费的多元化又带来了巨量的长尾需求，众多品牌需要提高自己的服务效率和竞争力；消费升级时代，消费者正在深度参与品牌的建设和发展，生产者、销售者、消费者开始三体合一，粉丝效应显现，但消费者却无法获得足够的奖励和回报，黏性开始下降。

而区块链技术的"去中心化"思维，正在给品牌以及消费者之间的关系带来变革。以往消费者是被屏蔽在品牌或公司之外的，但区块链技术能够让消费者参与

小米公司成功开启粉丝经济1.0时代

到品牌或公司的业务中来。未来，品牌将不仅仅是把产品和服务卖给消费者，而是与消费者一同进行创新和创造。消费者将转变为生产型的消费者。

上一代消费者对于品牌、产品和信息是被动接受的，但年轻一代的消费者喜欢主动与产品、信息之间进行互动。他们寻求的是体验而不是产品，因此他们对消费的追求要更为个性化，对速度和创意的要求更高，而"区块链＋品牌"契合了这样的发展趋势。

未来，跨行业、跨机构的数据交换和流通将成为可能，追求多方参与和对等合作的"分布式商业"越来越凸显。"区块链＋品牌"模式与"分布式商业"理念的融合，将会产生一种多方参与、资源共享、智能协同、价值整合、模式透明的新商业模式，品牌的产生将打破生产者和消费者的局限，分布式商业将产生"每个人的品牌"，"分布式品牌"也将一一出现。

伴随着互联网技术的发展，用户生产内容UGC(User Generated Content)已经成为一种潮流，社交时代因为用户的交互、内容生产而精彩纷呈。进入区块链时代，品牌也将走向用户生产，用户生产品牌的UGB（User Generated Brand）模式将会给品牌的产生和发展带来新的想象空间。

UGB使得"区块链＋品牌"拥有了独特的商业价值，

并会对商业世界产生新的巨大的影响。UGB品牌与传统中心化实体主导的品牌、众创空间创业者催生的品牌、依靠互联网营销鹊起的网红品牌相比，优越性更为显著，从诞生之日起就自带人格魅力，有人格化的形象，UGB品牌在分布式的社群生态中更易于传播。无数的个体产生数以百万计的新品牌，品牌之间可以互相交换价值，与实体经济相结合又能互相满足需要，品牌在被扩散和消费的过程中升值，从而使得生产品牌的个体可以分享其价值。

区块链会迎来一个新消费主义时代。在这个星球上，消费者主权将会被明确地标识，实现真正的互联网共产主义。在传统的商业社会里，你喝了一辈子的可口可乐，可口可乐赚了钱跟你一点儿关系都没有。在区块链时代，你喝的可乐越多，你赚的代币也越多，你会成为品牌的一分子，这是一种全新的消费资本论。区块链时代就是这样新奇，它会改变我们生活的方方面面。

附：区块链+品牌案例

世界首个区块链广告上链发布

世界首个区块链广告被古井贡酒摘得,广告语"古井贡酒,大国浓香;年份原浆,世界共赏"登上ETH公链,被永久记录在ETH 6653585高度,成为永恒的历史数据,永不可更改。广告上链是区块链技术迈入3.0时代的又一重大突破,在世界广告史上具有划时代的意义。

世界首个区块链广告上链发布暨研讨会

"世界首个区块链广告上链发布会"在北京盛大

举行,世界首个区块链广告"古井贡酒,大国浓香;年份原浆,世界共赏"正式登上区块链,被永久记录于ETH高度6653585之上。分布式账本、去中心化信任、时间戳、非对称加密、智能化合约等五大技术特征,让区块链成为能够颠覆广告行业的巨大力量。区块链已经成为世界级的技术创新新高地,也是国际竞争新赛道,区块链技术日益成为国家产业竞争力的重要基石,我国已将区块链技术作为战略性前沿技术列入《"十三五"国家信息化规划》,明确提出"要加强区块链等新技术基础研发和前沿布局,构筑新赛场先发主导优势。"

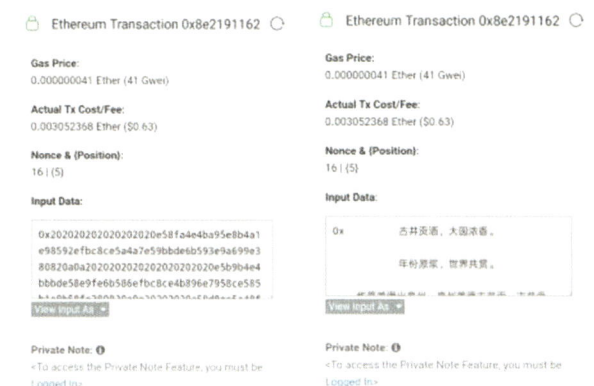

古井贡酒区块链广告

古井贡酒产自安徽省亳州市，被称为中国老八大名酒之一，具有1800多年的酒文化历史，先后四次蝉联全国评酒会金奖。古井贡酒"年份原浆"，以"桃花曲、无极水、九酝酒法、明代窖池"的优良品质，先后成为上海世博会安徽馆战略合作伙伴、2010中国—东盟博览会合作伙伴指定用酒，成为2012年韩国丽水世博会、

2015年意大利米兰世博会、2017年哈萨克斯坦阿斯塔纳世博会上中国馆的官方合作伙伴,并连续三年成为央视春晚的特约播出品牌。古井贡酒广告上链不仅是古井贡酒品牌极具创新的一次尝试,也是古井贡酒国际化的一次价值升位,更是世界广告史上的重要里程碑。

中央电视台品牌顾问、著名品牌战略专家李光斗

世界首个区块链广告上链发起人、中央电视台品牌顾问、中国品牌第一人、著名品牌战略专家李光斗指出,区块链技术正在全球掀起一场革命,它的商业价值也越来越凸显。古井贡酒的广告上链是"区块链+品牌"

应用的一次创新实践,也是中国品牌国际化的一次重要体现,实现品牌的共享、共信和共治,推动用户产生品牌的UGB(User GeneratedBrand)模式,开启多方参与、资源共享、价值整合、模式透明的品牌新未来。

随着古井贡酒的广告上链,古井贡酒也将推动白酒溯源应用,白酒生产、销售、购买的各个节点都将上链,区块链的分布式不可更改特性能够保证古井贡酒的货真价实。伴随着区块链应用的逐步落地,中国白酒市场将朝着数据化、透明化的美好未来大步迈进。

附:广告史上的世界第一

1650年,英国《新闻周报》上刊登了世界上第一个报纸广告。

1920年,美国匹兹堡西屋公司的工程师弗朗克·康拉德建立KDKA电台,成为举世公认的历史上第一座广播电台。同年9月29日,在此电台播出了第一支广播广告,内容是推销收音机。

1941年7月1日凌晨2点29分,纽约全国广播公司(NBC)旗下的"WNBC"电视台在棒球赛前播出了一条10秒钟的宝路华广告。画面中美国地图之上放置着一只宝路华手表,画面下方是旁白:"AMERICA RUNS ON BULOVA TIME(美国按宝路华时间运行!)",世界正式迎来电视广告时代。

1969年10月29日,斯坦福大学和加州大学洛杉矶分校的计算机首次连接,测试当天,在网络上发送的第一条消息本应该是"Login",但是由于技术的不成熟,最后只传输成功了"L"和"O"。人类第一次互联网传输,就这样在戏谑中诞生了。从此,人类迈进了互联网的世界。

1994年10月,在AT&T公司的赞助下,乔·马克坎伯利(Joe McCambley)在HotWired.com上发布了世界上首个网络广告——黑色背景上用彩色文字写着"你用鼠标点过这儿吗?你会的"。就是这个banner(横幅),开启了一个新的互动广告时代。

公元2018年11月21日,世界首个区块链广告——古井贡酒广告语登上区块链。其广告语"古井贡酒,大国浓香;年份原浆,世界共赏"被永久记录在ETH 6653585高度,成为永恒的历史数据,永不可更改。

区块链＋服务：餐饮、酒店、家政行业这样玩

科技改变生活，随着区块链时代的到来，区块链对餐饮、酒店和家政等服务行业会有哪些颠覆呢？

过去我们想吃饭，都要走到店里才能吃到。随着互联网科技的普及，只要一个电话或打开手机 APP 点餐，就马上有人把饭给你送上门来。真正过上了"饭来张口，衣来伸手"的幸福生活。

虽然服务行业变得很便利了，但是现在仍然有很多传统经济没法解决的痛点。餐饮安全问题就是最大的痛点。曾经有一段时间我们要面对各种注水肉、苏丹红、瘦肉精、地沟油事件，甚至夏天吃烧烤，撸的到底是不是羊肉串，我们也没办法确认。但是区块链时代不同了，如果将区块链技术用到餐饮行业，就会实现真正的产品溯源。区块链的可追溯性，可让餐饮食材供应链的来龙去脉变得更为透明。通过区块链技术，猪肉、牛肉、水果蔬菜等食材从供应商到商品货架，最后到消费者手上，全程进行数字化追踪，并将追溯到的信息进行数据化处理，记录到区块链的某个区块上，让每个信息都快速有效地得到监测。这个过程不但可以加快供应速度，

还可以从源头上根本性杜绝不符合要求的食材，保证消费者的食品安全。

区块链时代，你喝的每一瓶水、你吃的每一块肉都能清清楚楚地标明来源。你用二维码扫一扫，就能知道这块肉是不是来自内蒙古大草原，是哪个牧场。如果真能如此，挂羊头卖狗肉的事就杜绝了。区块链对于企业来说，提高了透明度，降低了监督成本，如果出现了问题，可以快速检测到哪个环节、哪个产品出了差错，快速从市场上召回商品或采取其他有效措施。

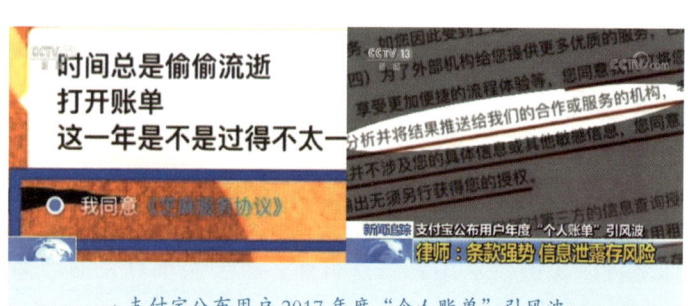

支付宝公布用户2017年度"个人账单"引风波

对于酒店行业来说，信息安全是众人关注的问题。去酒店住宿需要出示身份证等证件，这就意味着酒店掌握与收集了大量的个人隐私身份信息，类似银行一样。如果这些信息系统受到黑客的攻击或者系统出现了问题,将会导致不可估量的后果。有人调侃:支付宝账单会形成新的家庭不稳定,你什么时候开过房,跟谁开过房,手机一扫看得清清楚楚。而区块链技术会采用公钥和私钥非对称加密,保证你住得安心,也不怕别人算后账。

再说说服务业中的家政领域存在的问题。虽然现在很多家政公司采用互联网平台连接消费者与保姆、月嫂等服务人员,看起来很方便,但是很多消费者担心的是,只是凭对方提供的照片等信息,很难确定家政服务工作人员的身份、资质、信誉度等是否真实可信。一旦对方出现爽约或是服务过程中出现毁损物品等情况,就会遭遇维权等问题。而且很多APP平台需要先预付费用,给了钱才给你服务,这样遭受损失的可能性更大。

2017年6月22日,在杭州蓝色钱江公寓发生了一起全国关注的保姆莫焕晶纵火事件——雇主林家请到一个"黑保姆",保姆莫焕晶嗜赌成性、欠债累累,却能通过平台审核提供家政服务,雇主根本无从知道这些信息,没曾想凶手就睡在自己家里。保姆自导自演的放火事件,最终使林家遭遇灭顶之灾。

萨特有一句名言"他人即地狱",杭州保姆纵火事件引起了整个社会对来路不明的保姆的恐惧。睡在我们身边的人往往是最危险的?他如果吸毒怎么办?他

保姆莫焕晶在庭审现场

如果把家里的东西拿到当铺典当怎么办？他要是纵一把火烧死一家妻儿老小怎么办？当然这是极端的例子，但这也说明保姆案让大家感到了寒心。

但是区块链却是去中心化信任，每个人都要自证清白，而且每个人都可以自证清白，你的所有行为都会被存储在网上。如果你有赌博的嗜好、吸毒的嗜好，你就永远不可能进入到家政行业，永远不可能找到这样的工作机会。而消费者就可以安心地享受家政提供的保姆服务。

区块链解决的就是人与人之间的信任问题。杭州保姆纵火事件，保姆莫焕晶本想利用故意纵火和救火等行为来获取雇主的感激之情,从而让雇主借钱给她继续赌博与还债,其实这就是保姆与雇主之间出现了信任沟通问题。如果在区块链的智能合约技术之下,任何要求与行为,都能在智能合约中明确与执行,莫焕晶就不会铤而走险自导自演一场火灾,一家四口遇难的悲剧也许就不会发生。

在服务行业,除了这种极端案例,多数情况下家政从业人员都处于弱势地位,中介平台往往比较强势。中介在现代社会里几乎无处不在,大到支付宝、微信支付等支付中介,小到房产公司、婚介公司以及朋友圈里相熟的奢侈品代购、演唱会黄牛,这些都是中介。家政工作人员想要更好地找到自己的雇主,基本都需要依靠这些中介。而中介费、合同纠纷等问题就经常困扰着家政工作人员。有些家政工作人员文化程度较低,面对这些问题经常只能是听天由命。

区块链的去中心化、不可篡改和智能合约等优势给了家政行业破局的入口,从业人员不完全依靠平台,如果平台违反了双方签订的规定,智能合约将会自动触发,采取对应的措施,家政人员的收入也能得到应有的保障。传统经济时代,最害怕老板欠薪,前几年到处都是农民工讨薪的新闻,区块链的出现将解决行业欠薪的问题。

农民工拿到工钱的幸福时刻

去中心化和智能合约也会为消费者带来福利。如果发现家政公司违约或者某方面没有达标，消费者也可以轻松维权。这样就不用再像过去那样，跑到家政中心门口争吵维权了。这就解决了平台说了算的中心化问题。

所以，区块链+服务将给服务行业带来新的发展，大大改善行业发展中的各种问题，这将是商家与消费者的福音。

附：区块链 + 服务案例

案例：快的创始人发布"打车链"

2018年5月27日，快的创始人陈伟星宣布将推出"打车链"。两个月后的"乌镇·世界区块链大会"上，发起人陈伟星、杨俊等人正式对公众回应"打车链"项目，他们想打造的是一个完整的区块链经济共享平台，取名"VV Share"。

其中，V 是代表着劳动者的 Victory，表示让财富真正共享的必胜决心；VV 代表着多重的胜利，表示经济体内所有成员的共赢；Share 代表着共享精神，是团队要贯彻的价值观。

据介绍，VV Share 将从"与劳动者共享的交易平台""经济体内容资产的币改平台""可治理与跨链全流通的经济体公链"三个方面打造经济体。从陈伟星最为熟悉的打车领域 VV Go 切入，并逐步推动民宿 VV Stay、外卖 VV Eats、航旅共享 VV Fly 等品牌，并开放其接口给社区，发动社区完善钱包、交易所、行情、数据分析等配套技术设施、币改相关产业内容，以逐步完善生态，打造公正且充满热情的"劳动者"社群。

VV Share 还将首次践行 V/L rates(注：V 为 Value；L 为 Liquidity，即流动性)模型，替代传统金

融工程的 P/E rates 模型，用具有刚性需求的流动性（即消耗）来实现经济体价值升值。通过代币的"燃烧"，让利益回归劳动者。

区块链+医疗：病历和艳照都能为你赚钱

人们常说，有什么也不要有病，没什么也不要没钱。人吃五谷杂粮都会得病，对很多家庭来说，一旦得大病，几乎一夜回到解放前。很多中产阶级也是因大病返贫。那么区块链时代，对未来的医疗会有什么样的影响？

俗语说"名医门前冤魂多"。话说有一天，扁鹊被国君问道："你和你哥哥都是名医，但你们的区别是什么呢？"扁鹊就调侃道："回头一看门口，凡是在门前冤魂最多的就是名医。"也就是说，名医就是误诊治死过很多病人的医生，"三折肱为良医"，熟能生巧，而这些无数的经验就是名医的财富。对医院而言，患者的病历是它们最大的财富。平时你去看病，医院积累下你的病历，但最后和你没有任何关系。你还担心医院会把你的病历信息拿去贩卖，导致最后出现很多卖假药的人找上门来。

区块链时代将会把这一切进行转变——生病也能赚钱。区块链时代，你生病的病历信息将以电子数据化的

传说中的扁鹊

形式分享到区块链医疗开放平台。哪个医生想要看你的病历，看你病情的发生、发展过程，都需要给你付费。这就是一种信息与数据的公开化。当然，在一定的程度上可以隐去你的姓名等私密信息，医生、医院、医疗机构只能看到你生病的状况，而不能知晓你的姓名。看了之后，就需要以代币的形式给你付费，这样你的病历就给你带来了收益。

区块链还能解决"医生收红包"的问题。去医院看病面临的最大问题，就是信息不对称——不知道医生会怎样对待自己，"麻秆打狼两头怕"。病人天生对医生有种不信任感，而医生受到专业上的质疑，心里也感到很不舒服。虽然明确规定了医生不能收红包，但是很多患者会担心："医生没有拿我的红包，会不会尽心尽力去看病？"区块链时代的智能合约就能解决这个互不信任的问题。

去中心化就是区块链最大的特点。区块链时代，你不用担心别人会坑你，因为所有的信息与规定都在智能合约里，都会主动执行，而且几乎没有人能改变这个合约。现在有的医疗机构，出了医疗事故就去涂改病历来推卸自己的责任。未来的区块链时代，真正能做到按疗效付费，一切公开透明。现在很多病人动大手术，不管结果怎样都要给够钱，比如一个手术要10万元人民币，不论治好还是没治好都要付费，而且是要先付费再开刀，最后可能是手术费交了，人却治死了。

但是按照区块链时代的智能合约，治好与没治好的费用是有天壤之别的。如果医生把人给治死了，只能拿很少一部分费用。病人痊愈了，医生、医院才能拿到所有的手术费用。

当然，区块链技术不仅在医疗行业可以运用，在其他各行各业都可以应用，包括打官司，都可以按照法官最终的判决结果来付费。美国的律师费都是以最终的胜诉结果来付费，胜与败的费用天差地别。把风险与智

帕里斯·希尔顿

能合约相结合,可以最大程度保护消费者的利益。因此,区块链时代会对健康医疗、法律等各个行业带来革命性的影响。

讲一个小段子——"艳照都能为你赚钱"。这是怎么回事呢?美国有一个花花公主,叫帕里斯·希尔顿,是大名鼎鼎的希尔顿酒店的正牌继承人。她含着金汤勺出生,出自名门,家财万贯,所以从小就养成了任性放纵的性格,交了很多的男朋友。男友多了不免遭遇渣男——帕里斯·希尔顿的某个男朋友把她的艳照放到了网上,这其实是对其个人隐私权的极大侵犯。但是互联网是多站点的世界,删了这个网站的记录,那个网站还有。何况美国是一个自由国家,你没有办法做到发个函就让网站删除所有的艳照信息。

但是帕里斯·希尔顿想了个高招,她竟然用区块链思维把这件事摆平了。她向网站提出诉讼,说网站用了她的照片与视频,凡是有人点击了就应该给她付钱。这一下子引起了轩然大波,网民说帕里斯·希尔顿可真是够开放的。但是你好好想想,这就是区块链思维的运用,点击者每消费一次,都会为你赚回一定的钱。最终很多网站因为实在负担不起这笔费用,只好把相关艳照下架。可见,帕里斯·希尔顿真是区块链时代的先驱者。

如今,照片的交易也开始运用区块链技术。有着140多年历史的胶卷巨头柯达公司,发布了自己的虚

用来挖矿的柯达矿机 KashMiner

拟货币——"柯达币"。柯达上线了一个可以买卖和授权图片、视频以及其他版权内容的区块链交易平台KodakOne，使用的加密货币为"柯达币"。在这个平台上，摄影师可以通过安全的区块链技术买卖他们的作品，这样就真正实现了不但拍摄照片有钱拿，看照片也有钱拿。这样就能公正、公开地进行版权交易，再也不用担心盗版的问题了。

附：区块链 + 医疗案例

案例：沃尔玛取得以区块链记录病历之专利

沃尔玛在 2016 年 12 月 14 日申请的专利，被美国专利商标局（USPTO）批准。该专利旨在将患者的医疗记录存储在区块链数据库中。在紧急情况下，医院有权获取其信息。

沃尔玛专利申请书上显示，他们将这套区块链数据库系统称为"从可穿戴设备上获得存储在区块链上的患者病历信息"（Obtaining a Medical Record Stored on a Blockchain from a Wearable Device）。该系统由三种关键设备组成。其中之一是可穿戴设备手镯，它是区块链数据库的本地存储介质。第二是射频识别(RFID)扫描仪。通过扫描病人的手镯来实现病历的传输。第三是生物识别扫描仪，用于获取病人的生物特征信号（可以是脸、视网膜、虹膜或者指纹）进行解密。一旦解密，患者的医疗信息便可以与其他医疗机构共享，包括护理人员、医生等相关医疗人员。当然，也包括抢救时医院与患者之间的交易行为。

医疗数据是医疗领域非常宝贵的资源，包括病人身份、过往病史以及医疗支付情况等，但这些都是患者的隐私数据。当前，患者的私密信息都存储于医疗部门的中心化数据库或者文件柜里，而信息泄露情况时有发生。另外，病历数据的质量问题是医疗行业面临的一大问题。错误的数据在很大程度上会导致误诊，如果同一个病人去过多家医院，接受了多位医生的治疗，那么数据可能就会存在不完整的现象。

而区块链数据库上的病历不在医生、医院以及任何第三方手里进行保存，所有接受过治疗的病史和救治方案等都将被拴在链上，供所有的节点进行维护和保存，一旦病人需要急救时，就可以通过扫描可穿戴设备，获取完整的医疗信息，并且可以保护其隐私。

不难发现，该项专利其实是医疗数据与区块链和物联网的结合。物联网是通过射频识别（RFID）、红外传感器、全球定位系统、激光扫描仪等信息传感设备，按约定的协议，把任何物品与互联网相连接，进行信息交换和通信，以实现对物品的智能化识别、定位、跟踪、监控和管理的一种网络。而区块链与之结合，可以在此基础之上，读取历史数据，追根溯源。但是此专利还未和具体的医疗场景相结合，所以尚未凸显出其结合体的巨大优势。我们期待此项专利的真正落地。

区块链+农业：没有"大跃进"、没有毒大米的时代

农业，这个地球上最古老的行业，将因为区块链的到来焕发新的生机。

农业是国民经济的基础，但由于很多从业人员知识水平较低、生产力落后等原因，一直以来被科技所忽视。其实农业和每个人的生存息息相关，本山大叔有一句经典台词："没有我们农民，你们吃啥？没有我们农民，你们喝啥？连吃喝都没有，还臭美啥？"

民以食为天。农业是我们的饭碗，但农业也让人忧心忡忡：前几年出现的注水肉、注水西瓜、毒大米、苏丹红事件大家还记忆犹新。从田间地头到餐桌的这段路途，一度充满艰辛；农民这几年也没省心，因为缺乏大数据的支撑，农业种植往往盲目性、滞后性严重，结果出现了"疯狂的蔬菜"事件，"糖高宗""蒜你狠""姜你军""向前葱"，农产品价格轮番暴涨，

最终富了期货、穷了农民，中间商赚了很多差价，农民得到的实惠非常少。丰年的时候，水果烂在田地里；歉收的时候，价格也没有优势，农民们很受伤。

而区块链技术的到来，不仅能解决农产品溯源问题，还能利用大数据更好地服务农业生产，农村金融也将得以改观。

区块链的特点就是去中心化，记入区块链的信息不可被任何人随意篡改，产品的所有信息都将在区块链中形成独一无二的真实记录。以猪肉为例：从猪的养殖开始，包括它的生长环境，到屠宰、储存、流通各个环节，所有的过程都将被记录在案，每一块猪肉都有自己的身份证；再比如大米，无论消费者离生产地有多远，都能通过区块链查询大米生产过程中使用过的农药、化肥等信息，包括运输、加工过程有没有添加剂等等，都一清二楚，这样就极大地提升了消费者对农产品的信心，也就是说，区块链时代农产品信息可追溯至每一粒大米。

区块链还将优化整个农业供应链。消费升级时代，有机食品成为热门选择，而如何做到全程有机、健康无公害，需要将区块链技术应用于整个供应链。拿农牧养殖来讲，牧场的耕种、草种的供应、无害化设备供应、

农业供应链

奶牛品种供应等供应链各个环节,都要一一上链。这样有机产品供应链的详细数据,就将被监管机构、消费者熟知,这样有机的可信度就大大增加。供应链的问题,还关系到农产品的真伪。比如东北知名的五常大米,其实每年产量也就在 100 万吨到 200 万吨之间,结果市场上却出现了 1 500 多万吨的"五常大米"。这些大米是往年的囤货,还是别的地方冒充的?冒充的又是哪里产的?这些问题区块链都能给出答案,这样就保护了知名农产品地理产区的权益。

国内最火的水果中褚橙无疑算一种,其实褚时健的褚橙完全可以采用区块链技术,让褚橙上链,这样褚橙的种植过程可以一一查询到,褚橙自身的价值也会提升,不单有人文价值,也有绿色价值,更有科技价值。

区块链与物联网的结合,使得农业生产和管理将更加精准。随着人口增速放缓和农村青壮年劳动力的减少,农业必将走向集约化管理。未来的农业,将更多地使用软硬件设施,足不出户就能知晓田间农作物生长的情况,农场管理软件还可以追踪特定时间内水土资源的位置和利用情况,农场中的各种机械、现场传感器等设

区块链在农业生产上具有广阔的应用前景

备的状态也可以实时查看,通过区块链的物联网技术,哪些设备可用于农业生产,哪些机器需要尽快维修,哪些又正在维护,这些都能实时了解。20世纪60年代的"大跃进",人们好大喜功,浮夸风盛行,"亩产万斤""一棵白菜500斤""红薯亩产百万斤"频频见报,真是"人有多大胆,地有多大产"。在农业精准化管理的年代,这些谎言将不攻自破。

区块链还将在农村金融、保险等领域大有作为。金融机构最大的特点就是"嫌贫爱富",普通农民要想获得贷款,简直难上加难,因为农民最缺乏信用抵押物。而如果有了区块链,就可以记录农业生产交易的全过程,这就天然地为农业经营主体提供了背书,贷款机构不需要农民的资产证明,或者征信公司的担保,就可以调取区块链信息,然后给予相应额度的贷款支持,农村金融就会变得更加普惠。

对于农业保险而言,以往遭受到农业灾害,往往会遇到赔付难题或者骗保的行为,而区块链能将这一切智能化。通过智能合约,主动识别灾害的程度,一旦需要赔付,自己就能发起流程,这样赔付的效率更高。

区块链还能更好地保护农民的权益。农产品收购有其特殊性,农产品一旦摘果或者出土,往往保质期极短,需要尽快售出,这一局限让很多不法收购者钻了空子。

以土豆为例，有一些采购商会先给农民开出高价，等农民把土豆挖出来之后借机压价，或者自己直接消失，再派一个人到田间地头去洽谈，此时的价格已经被压得很低，农民也没有办法。而区块链可以将每一次承诺、每一笔交易进行公开，互相监督，公正透明。目前农产品遇到滞销时，往往依赖中心化的平台，包括阿里、京东、苏宁都在做互联网扶贫，农民需要把自己滞销的产品，在网上进行售卖，然后发送到全国各地。但在区块链时代，可以利用去中心化的平台，农产品在原产地就可以和消费者实现一对一的交易，这样就降低了采购成本、平台维护成本，使农民的农产品收益最大化。

区块链＋农业，想象的空间还可以更大，将来农产品也能实现快速召回；用户的喜好也能形成大数据反馈给农产品种植方，推动农业的供给侧结构性改革。区块链的到来，是农业继互联网之后的又一次发展机遇。

附：区块链＋农业案例

案例一：印度利用区块链技术为农民提供肥料补贴

印度国家转型研究所（NITI）是印度政府的主要决策机构，它已经与印度化肥业巨头 Gujarat Narmada Valley Fertilizers & Chemicals Limited（GNFC）达成了意向（SOI），为化肥行业的补贴管理开发区块链解决方案。

向农民支付的补贴分配在不需要文件或多个授权点的情况下，将变得更加合理。根据SOI的条款，这两个组织将会共同研究并开发一个概念验证（PoC）应用程序，以提高当前多层、多机构分销的效率。化肥补贴行业是一个价值100亿美元的行业，提供了智能合约的区块链解决方案将实现即时、准确的交易，而不需要在多方之间进行人为监督。

案例二：区块链养鸡——"步步鸡"全程追踪

继丁磊养味央猪、京东养跑步鸡后，又一家科技公司加入农业盛宴：2017年，互联网保险第一股众安保险旗下众安科技宣布，首次在国内将区块链应用于养鸡业，扶持国内区块链创业公司连陌科技推出"步步鸡"项目，可为消费者提供更具有信任感的食品。

在步步鸡的第一站——安徽寿县茶庵镇，步步鸡养殖整合了物联网、区块链、人工智能，以及具有国际专利的防伪技术，为每一只鸡都佩戴了物联网身份证——鸡牌。

鸡牌能够自动收集鸡的位置、运动数据，并实时上传区块链。为了保证鸡牌不可复制，设备采用沃朴物联提供的具有国际专利的防伪技术,其中的区块链防伪标签融入了国密级算法、混沌原理、激光光学、手机APP智能动态图像扫描、云端数据比对等技术,难以仿制、复印和回收,保证了商品从源头到终端的唯一性。一鸡一牌,拆卸即销毁。

基于区块链不可篡改、物联网设备自动采集等特点,这套养鸡流程可以保证每只鸡从鸡苗到成鸡、从鸡场到餐桌的过程中,产生的所有数据都得到真实记录,实现防伪溯源。

区块链+公益:做好事留名是一种风尚

公益慈善看起来美好,却又被广泛质疑。

2016年的罗一笑事件,网友质疑其父亲罗尔骗捐,一时舆情汹涌,事情最终以原路退还微信赞赏者的金额结束。这次事件后,人们对互联网公益充满质疑。

前几年的郭美美事件,也曾让中国红十字会的信任度大跌。中国红十字会部分地区的分会一度出现了0捐款的现象。在中国娱乐圈,也出现过多起明星诈捐事件。公益、慈善行业的黑天鹅事件,极大地动摇了人们对公益的信任。

公益慈善面临的最大问题是信息不透明、不公开，一旦失去公信力，贪污腐败的质疑更是闹得沸沸扬扬；其次，效率问题也困扰着公益事业，从公益善款的募集到使用，再到一一发放，中间的各个环节都有待规范，效率有待提升；再者，对公益的监督往往是事后反省，只要事情没有被披露出来，舆论和普通人就很难对其形成监督，事后监督和审计往往慢半拍。

那我们不妨看看，区块链时代，如何为公益慈善赋"信"找到新方法。

区块链是利用分布式技术，结合共识算法重新构造的一种信任机制。区块链的特点很显著，它全程真实记录、不可伪造和篡改，这样慈善捐助者的信息、资金流向、使用情况都会被一一记录并加密，实时可追踪，而且支持用户查看项目信息，包括捐赠明细、拨付记录、慈善透明指数等，这样便让慈善变得透明可信赖。

传统慈善模式，捐赠人的面前是慈善组织，个人很难知晓自己的善款到底用在何方、去向如何。比如有公益基金让大家捐助一元钱，但是最终用在哪里，大家也无从知晓，自己捐助的金额太少，本人也不关心。很多商业机构也呼吁大家参与公益慈善，为环保出力或者给贫困山区孩子送温暖，但效果如何，不得而知。

我们以支付宝的蚂蚁森林为例——蚂蚁森林是支付

区块链助力慈善与扶贫

宝设计的一项公益行动：用户通过步行、地铁出行、在线缴纳水电煤气费、网上缴交通罚款、网络挂号、网络购票等行为，就会减少相应的碳排放量，可以用来在支付宝里养一棵虚拟的树。这棵树长大后，公益组织、环保企业等蚂蚁生态伙伴们，可以"买走"，而在现实世界某个地域种下一棵实体的树。那么很多人会有疑问：我每天都在步行，如果运动到一定程度，累积之后会养出很多的树，问题是平台和合作企业到底种树了没有？哪棵树和我有关？这一切大家无从知晓。很多消费类的商品或书籍也会有这样的公益行为，比如你买一本书，它就给山区孩子捐赠一元钱，但这些更多是依靠大 V、名人的信用背书，除此之外，大家根本不知道这些善款去向如何。再比如现在兴起的水滴筹、轻松筹等互联网求助平台，患者可以通过慈善平台筹集一笔医疗费，但筹集的资金是否真正用于治病，成了很多人的疑问。

未来，在区块链的时代，区块链慈善的每一笔支出都有独立的记录，并打上了时间戳，谁在何时何地、因为何事而获得捐助，捐助人都能一一查询。当然这中间要注意对受捐者的隐私和个人信息进行保护，在确保合理安全的情况下，捐助人甚至可以与受助人建立点对点的联系，这样慈善就会成为一辈子的事情。

区块链与公益慈善的结合，还可以将人为失误减到最小，不可篡改的数字账本技术让善款的使用价值最大化。在公益过程中，第三方权威机构或管理机构也能及时调取区块链的信息，进行实时审计和监督，管理也更加透明。很多机构也可以发布慈善的发展情况，根据一些关键数据进行慈善公益报告的发布与解读，让中国的慈善事业更加规范化、透明化、机构化、权威化。

区块链慈善时代，每一份爱心都会被认真对待。到那个时候，做好事留名将会成为一种风尚，区块链技术能记录下每一个人一生的捐助行为，时常帮助别人，也能帮你在社会生活中树立良好的道德形象，提升在区块链时代的信誉。以后，慈善力、公益力也会成为衡量

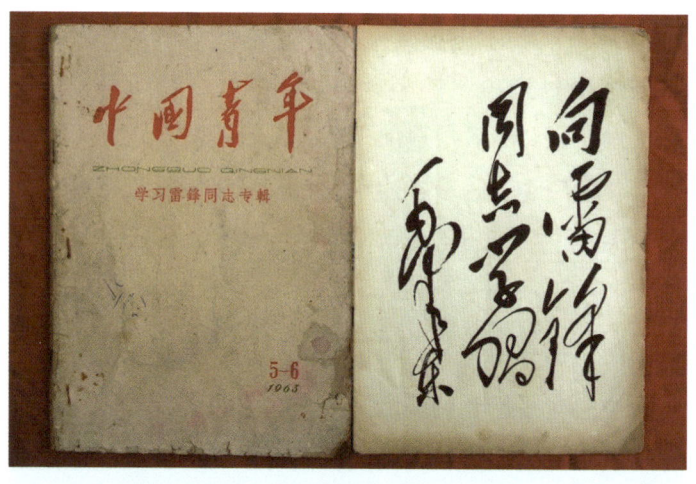

《中国青年》(1963年5至6期合刊)"学习雷锋同志专辑"

一个人优秀与否的标准之一。

为什么有人会质疑雷锋是否真的做了那么多好事?就是因为那不是一个区块链的时代,雷锋给人买火车票、在火车上助人为乐、省吃俭用把钱捐给集体的事迹,因为缺乏不可篡改的记录依据(尽管雷锋有日记),以至引发了一些人的怀疑。其实有了区块链之后,雷锋做好事再也不会遇到说不清的问题。

区块链还可以运用到公益扶贫领域。中国的社会发展有一个明确的目标,就是到2020年现有的贫困人口要全部脱贫。精准扶贫就是要对贫困人口精准识别,科学帮扶,对公益善款进行监测,保证任何环节都可以追责到人，同时确保政府资金的使用落实到位。

附：区块链 + 公益案例

案例：支付宝爱心捐赠平台全面引入区块链技术

传统公益机构的探路者正积极投入到一场改变公益生态的新实验中。蚂蚁金服旗下支付宝爱心捐赠平台目前已全面引入区块链技术，并向公益机构开放，签约机构经审核后均可自助发布基于区块链的公益项目。壹基金和中国红十字基金会（简称"红基会"）率先提交申请，红基会的首个区块链公益项目"和再障说分手"已顺利上线并实现实时账目公示。

网络募捐平台让公益迅速平民化，当公民的捐献意识和资金不再是问题，如何保证"物尽其用"成了焦点，每个人都想知道自己捐献的钱到底捐给了谁。在传统网络募捐平台上，善款进入基金会账户后流向难以追踪，而区块链技术加持的公益项目则解决了善款公示"最后一公里"的问题。

"和再障说分手"项目页面上，用户点击"爱心传递记录"已经可以查看善款流向。上面记录着"2016年12月11日项目上线"，目前"筹款中"，且在"捐款记录"一项里，所有捐款人经隐私处理后的捐款时间和金额一目了然。募款结束后，拨付时间和每一位受益人收到款项的时间也将一一公示。

区块链+法律：保护你的物权

法律的出现，就是为了约束和规范人类的社会行为。法律能够简化社会关系的复杂程度，节约交易成本，帮助社会成员安全、规范、有序地进行交易。

在法律框架中，大家最熟悉的就是合同。员工录用后会签合同，企业合作也会有合同约束，但即便如此，合同违约的事情还是屡屡发生。而想要维护自己的合法权益，当事人还要举证，并且需要经过漫长的法律程序。

合同应用

而在区块链时代，合同的签订和执行更加智能化——智能合约是区块链的特征之一。目前的合同都需要双方签字，而且需要判断合同是否合法，时间周期很长。但智能合约，创建、产生和保护具有法律约束力的协议成本极低，合同的执行也数字化，达到一定条件，合同自动生效。

区块链让纠纷的解决速度更快。假如你在微信中下单购买了某件商品，结果卖方迟迟没有发货，在以往你很难提供纸面合同、送货单等具有强法律效力的证明，但在区块链时代，时间戳、分布式账本已经记录了你在微信上的聊天内容、订单数据等，区块链订单直接具有法律效力，法律部门可直接调取区块链上的信息进行对证，结果很快会水落石出。

法律案件

证据对于法律部门而言极为重要，特别是在刑事领域。区块链将自"创世块"（区块链系统中的第一个区块）以来的所有信息都完整、真实记录在区块中，并且不可篡改，任何活动都可以被追踪，极大地解决了数据保留这一难题。在网络犯罪案件中，经常会遇到证据缺失和不足的问题，为了获得有效的犯罪线索，侦查人员需要付出侦查成本，有些人甚至还面临生命危险。区块链实时记录、忠实保存、难以篡改、便于提取的特性，解决了很多犯罪举证的问题，为办案机关节省了定责成本。

保护你的物权

统计显示，世界上有相当多的人拥有土地所有权，然而他们当中的绝大多数，拥有的是十分脆弱的所有权。由于中心化的政府运作，很多人的房产证、土地所有权证等物权证明，都是在政府机构的资料室或者数据库里，这就埋下了极大的隐患。

在非洲等战乱频发的地区，政府办公大楼时常被摧毁。你方唱罢我登场，地方武装势力交替登场，每一次更换领导人，就意味着对过去的否认。很多人的物权，

战乱国家的民众流离失所

一夜之间消失了。政局不稳、政权频繁更替,会让大多数人的财产成为一笔糊涂账,辛苦积累的财富也付诸东流。

区块链时代,任何需要登记确权的财产都将一一记录,分布式账本技术让每个公民都有一个房产或者土地登记的账本,公民财产被人人见证并记录。这样,人们再也不用担心自己的物权问题。

腐败无处遁形

我们在媒体上不时看到"红通"人员归案的新闻,"红通"人员大多数在任上利用职权之便,贪污受贿或挪用公款,涉嫌职务犯罪和经济犯罪。他们之所以能逍遥法外很多年,是因为潜逃出国后跨国引渡很艰难,资产归属成为问题，国家之间的政治外交也往往影响案件的解决。

区块链技术作为全球范围内的数据账本，显然可以快速实现证据的提取和使用，腐败官员无论通过多少道手续进行资产转移，都会在区块链上留下痕迹。区块链还能有效利用智能合约，在司法引渡上确立执行条件，届时反腐加上区块链，无疑会降低跨国执法成本，提高跨国执法效率。

摇号里的套路

在中国的大城市里，为了满足日渐增长的购房和购车需求，也为了保证大家都有平等的机会，摇号成为一种利器。不过，摇号的漏洞和暗箱操作正被人们诟病。西安"摇号门"事件曝光，告诉了我们现实有多残酷，要想买房中签，光靠好运气不行，因为在售的看起来充裕的房源，其实已经被某些人内定。

即便有公证人员在场，但技术早已拥有了障眼法。软件是死的，人是活的，摇号的数据极有可能在前一天输入的过程中已有猫腻。

区块链摇号有没有想象空间？通过区块链为所有参与摇号的人匹配唯一地址，然后输入号码池，摇号的规则和算法公布在区块链上，所有参与摇号的信息都写入区块链,每一次结果都可以被查询到。更改一个输入就能看到相应的变化,这样才有公平性和可信度。

法律的挑战

区块链方便法治社会管理运行的同时,也给法律带来很大的挑战。因为区块链开启了"数字资产""虚拟资产"的社会,但目前法律规范的社会,还是以资产为中心。

法律保护的资产,包括现金、股票、债券、音乐、知识产权等;法律要解决的也是这些资产的所有权、使用权、管理权等。当下的法律奉行的是中心化的管理,

数字资产

法律的背后是公权力的强力背书。就像数字资产撼动了实物资产一样，区块链法律势必要重构法律的定义和保护的对象，一切围绕着中心化社会制定的侵害界定、法律赔偿标准、资产管理规章等，都将面临转变。

和资产相关的物权法、合同法、证券法、知识产权法等，也许都要随之发生改变。区块链建立一个全世界统一的大账本，每个公民都有一本，任何资产都可以通过它实现存储、转移、交易、管理等。

毫无疑问，区块链技术带来的人类社会价值衡量标准的变化，将对法律制度带来新的冲击。

附：区块链＋法律案例

案例一：杭州互联网法院确立区块链电子存证法律审查方式

2018年6月28日，杭州互联网法院对一起侵害作品信息网络传播权纠纷案进行公开宣判，首次对采用区块链技术存证的电子数据的法律效力予以确认，并明确了区块链电子存证的审查判断方法。

本案中，原告为证明被告在其运营的网站中发表了原告享有著作权的相关作品，通过第三方存证平台，进行了侵权网页的自动抓取及侵权页面的源码识别，并将该两项内容和调用日志等的压缩包通过相关技术上传至 Factom 区块链和比特币区块链中。

杭州互联网法院认为，对于采用区块链等技术手段进行存证固定的电子数据，应秉承开放、中立的态度进行个案分析认定。既不能因为区块链等技术本身属于当前新型复杂技术手段而排斥或者提高其认定标准，也不能因该技术具有难以篡改、删除的特点而降低认定标准，应根据电子数据的相关法律规定综合判断其证据效力。

具体到本案，杭州互联网法院认为，通过可信度较高的自动抓取程序进行网页截图、源码识别，能够保证电子数据来源真实；采用符合相关标准的区块链技术对上述电子数据进行存证固定，确保了电子数据的可靠性；在确认 Hash 值验算一致且与其他证据能够相互印证的前提下，作出了该种电子数据可以作为本案侵权认定的依据。

"区块链作为一种去中心化的数据库，具有开放性、分布式、不可逆性等特点，其作为一种电子数据存储平台具有低成本、高效率、稳固性的优势，在实践审判中应以技术中立、技术说明、个案审查为原则，对该种电子证据存储方式的法律效力予以综合认定。"杭州互联网法院承办法官卢忆纯说。

案例二：亚利桑那州将区块链法案正式列为州法律

2018年4月3日，一项允许公司在分布式账本持有并分享数据的法案由美国亚利桑那州州长Doug Ducey正式签署，成为亚利桑那州法律。

亚利桑那州众议院以56票赞成、3票反对和1票弃权通过了HB 2603法案。亚利桑那州参议院一致通过了该法案。亚利桑那州参议院将对HB 2602法案和HB 2601法案进行第三次审核。HB 2602法案将禁止城镇限制居民家中的加密货币挖矿行为；HB 2601法案将解决证券和众筹问题，承认"虚拟货币"为"价值的数字体现"，并承认虚拟货币作为数字交易交换媒介的地位。

区块链+物联网：万物互联、万物有价

区块链和物联网，堪称第四次工业革命的一对超级CP。

物联网，就是物物相连的互联网。物联网是互联网的延伸和扩展，在用户端上，任何物品之间理论上都可以进行信息交换和通信。

国际电信联盟的报告曾描绘物联网时代的图景：当司机出现操作失误时汽车会自动报警；公文包会提醒

主人忘带了什么东西;衣服会"告诉"洗衣机对颜色和水温的要求;等等。物联网在物流领域内的应用则如下:一家物流公司采用了物联网系统的货车,当装载超重时,汽车会自动告诉你超载了,以及超载了多少,但空间还有剩余,告诉你轻重货怎样搭配;当搬运人员卸货时,货物包装可能会大叫"你扔疼我了",或者说"亲爱的,请你不要太野蛮,可以吗?";当司机和别人扯闲话,货车会装作老板的声音怒吼"笨蛋,该发车了"。

很多互联网品牌推出的智能家居就是物联网的典型应用,通过手机APP,你就能够和家里的电器建立连接:提前打开空调,随时显示天气状况,扫地机器人

物联网时代

自行打扫房间等。我们熟悉的可穿戴设备、自动驾驶汽车、智能机器人等都是物联网的最新应用成果。

不过物联网面临的问题也很突出，中心化意味着服务器承载的算力过于庞大，涉及用户生活、工作的所有隐私都有可能被泄露，各个物理节点也容易受黑客攻击，节点之间达成的数字协议进而产生的商业效益将变得错综复杂。而区块链几乎可以完美解决物联网遇到的问题。

区块链技术可以避免中心化情况的出现，能够快速、有效地建立设备之间的互信和交易网络，设备不需要从平台中心进行数据交换，就可以进行对等的信息交换或交易。由于采用了去中心化的数据交换，也能成功避免黑客发起的冲击。

我们这颗星球上，至少发生过两次令人后怕的攻击事件。

2010年9月，伊朗政府宣布，大约3万个网络终端感染"震网"，病毒攻击目标直指核设施……整个攻击过程如同科幻电影：由于被病毒感染，监控录像被篡改。监控人员看到的是正常画面，而实际上离心机在失控情况下不断加速而最终损毁。位于纳坦兹的约8 000台离心机中有1 000台在2009年底和2010年初被换掉。俄罗斯常驻北约代表罗戈津称，病毒给伊朗布什尔核电站造成严重影响,导致放射性物质泄漏,危害不亚于切尔诺贝利核电站事故。

澳大利亚黑客 Vitek Boden 在自己的工作申请被驳回后,开始报复社会。Vitek Boden 使用电脑设备、对讲机、自用的笔记本电脑入侵了马卢奇郡议会污水管理系统,并将数百万升污水释放进当地环境中。

在区块链技术的应用下,无数物联网设备将进行自动化维护与升级,并自行开展支付、同意、交涉等操作。比如家里的水表、燃气表,就可以在你确认的金额范围内向物业部门缴费,实现设备的自我维持和自我服务。

区块链让物联网的商业价值得以凸显。物物连接的世界里,去中心化应用让节点之间可以相互满足商业需求,执行智能合约完成交易。如果你家里有太阳能电池板,恭喜你它可以为你赚得一些收入:太阳能发的电,不仅可以供给电力公司,也可以直接输送给有意向购买电力的家庭,发电多少,提供给谁,供给多少,这些信息都将记录在区块链中,比起大型发电站,去中心化的系统让运营成本大幅降低,物品的拥有者还能获得收益。

"万物互联,万物有价",区块链+物联网将迎来真正意义上的共享经济。当家里的汽车可以自行载客赚钱、太阳能电池板输送电流获得真金白银时,一个伟大的商业模式便横空出世。

附：区块链+物联网案例

案例一：IBM联合三星——利用以太坊协议打造去中心化的物联网ADEPT

IBM与三星联合打造了ADEPT系统，利用比特币来打造去中心化的物联网。ADEPT的全称是"Autonomous Decentralized Peer-to-Peer Telemetry"（去中心化的P2P自动遥测系统），它旨在为交易提供最优的安全保障。

IBM和三星希望这套系统可以让物联网里的各种设备自动运转，从理论上讲，家电的运转出故障时它们

区块链与物联网

可以自动发送信号,并可以自动更新软件。甚至设备本身也可以通过ADEPT来与周边的设备"沟通",从而提高能源的利用效率。

三星旗下的"W9000"型号的洗衣机将纳入ADEPT体系,利用智能合约,这个洗衣机将会自动向洗衣液零售商发送订购单,并且还能自动向零售商支付账单。

案例二:电力领域的Uber——Power Ledger

West Australian(西澳大利亚)软件开发商Power Ledger正在使用其基于区块链的软件,让整个网络开放点对点(P2P)能源交易。

许多初创公司正试图应用区块链技术的多样性,以促进P2P电力交易。基于云的交易账本可以把第三方的利润从P2P电力交易中剔除,并且可以让家庭和企业使用电网上的其他用户的太阳能电力,如果他们没有适合的光伏屋顶或者缺乏自己安装的资源的话。

区块链是支持数字货币比特币的分布式计算协议。基于生成有限数量的区块链代币的矿工计算机,将区块链应用于分散的电力交易,可以通过跟踪电力交换和交易,为互不相识的电力交易者提供信任基础。

为使用区块链技术进行电力交易,通信硬件必须安装到一个标准的数字电表上,这个电表会追踪电力的生成、进口和出口，然后将其转换为区块链代币，分配给网络内的各个账户——生产者和消费者。

区块链代币可以货币化，可以转换成澳大利亚元这样的标准货币，也可以转换成比特币本身。

通过这种方式部署的区块链，可以生成"交叉引用和特定时间的数据库"并存储在云中。该数据库不能更改，为交易双方提供支持系统所需的信任。

第八章
ICO 与 IFO：
数字货币和交易所

什么是 ICO

ICO 是 Initial Coin Offering 的缩写，中文意思是"首次币发行"，是区块链行业的术语，源自股票市场的首次公开发行（IPO）概念。相关的加密数字货币或区块链项目常用 ICO 方式进行资金筹措，早期参与者可以从中获得初始产生的加密数字货币作为回报。一些难以获得创业资金的人往往用 ICO 的方式融资，对项目感兴趣的投资者就以比特币、以太坊等数字货币形式进行投资。

比如小明是一个喜欢钻研的技术男，最近他有一个非常好的想法，想要做一款产品。但问题是，他没有足够的资金支持。如果让其他人直接投钱，失败了风险很大，几乎没什么人愿意用真金白银为他的想法买单。

ICO

这个时候怎么办?

通过 ICO 方式就可以解决小明的问题:发行区块链代币,名为"小明币"。如果有人投资小明这个项目,小明就会以"小明币"作为回报给投资者。这个币是限量发行的,不会超发。如果以后项目出了产品,用一个"小明币"就可以买 100 件该产品。初创阶段只需要一块钱就能买到一个"小明币",等到项目盈利了,就可以翻几十倍甚至几百倍,可以得到更多的收益。

ICO 在 2017 年迎来爆发——2014 年、2015 年、2016 年,ICO 在全球的融资额分别是 2 600 万美元、1 400 万美元、2.22 亿美元,而到了 2017 年,这个数字飙升到 12.66 亿美元,是过去 3 年融资总额的近 5 倍(数据来源:

Autonomous NEXT analysis）。

也就是说，ICO 在这几年的增长非常迅猛。尤其是美国的区块链数字存储网络 Filecoin，只用了半个多小时，就以 ICO 方式筹集到了 2.52 亿美元。这个数据记录远远超过了过去的 ICO 筹集记录。同时，比特币和以太坊等数字加密货币也因为 ICO 而上涨。可见 ICO 的增长效应非常大。

网上就有人调侃说"辛苦一年，不如发币一天"，说的就是 ICO 这种快速爆发的现象。

可能会有人问：ICO 与 IPO 有什么区别吗？

我们先看 IPO 是什么。IPO 的英文全称是 Initial Public Offering，中文意思是"首次公开发行"，指股份公司首次向社会公众公开招股的发行方式。IPO 与 ICO 相比，有共同点也有区别。

两者的共同点都是通过出售股份来筹措资金，参与的投资者为了潜在的巨大收益而愿意用钱投资。

ICO 和 IPO 虽然只相差一个字母，但表达的意义却大有不同。

不同点是 ICO 的大部分支持者是某项目爱好者或非专业的投资者；ICO 平台属于第三方中立平台，投资者们需要自担风险。另外，目前大部分 ICO 项目处于监管的边缘地带，很多根本就不用太多的审批过程，这便降低了发行成本,而且 ICO 的发行量是固定的。这些特点是 ICO 大受欢迎的原因。

但是有其利必有其弊。ICO 的发行成本低和监管弱等特点,导致了目前很多 ICO 项目参差不齐,甚至很多人借 ICO 之名恶意圈钱。

而 IPO 的发行成本高,公司主体需要达到各种要求并通过审核才能将自己的股份向公众出售。企业在中国的沪深板块或新三板上市发行股票,就是 IPO 常见的方式。一般来说,创业公司要经过艰难的打拼,在行业内站稳脚跟后,再通过严格审计和监管部门筛选,才可能成功上市。

中国人民银行

市场是个相对公开公平的地方，我们很难说ICO市场是由谁来驱动的，为什么会发展如此快速。更大的可能是ICO本身的特点，让它可以迅速得到市场的追捧。但是目前大部分的ICO是不健全的，这使得相关法律法规不得不进行管制。就中国来说，2017年9月4日下午3点，中国央行、中央网信办、工业和信息化部、工商总局、银监会、证监会、保监会七部委发布《关于防范代币发行融资风险的公告》，给ICO作出了定性，同时宣布了取缔的决定。该文件发出后，各种虚拟货币出现跳水式的下跌。

互联网企业需要A、B、C轮投资不断输血，最后通过上市让投资人赚取收益；而区块链企业则一成立就上市，发展模式、融资模式大不相同，企业运营和盈利的效率会大大提升，每个人一开始就可以成为企业的股东，分享发展的红利。

什么是IFO

IFO，全称是Initial Fork Offering，中文意思为"首次分叉发行"，是在比特币等主流数字货币的基础上进行的分叉。也就是说，如果你持有类似比特币等主流数字货币的话，就可获得分叉币，即一种新的虚拟货币。

赌场里的筹码

IFO 也能进行交易，获取对应的价值。

我们用赌场的例子来解释一下 IFO。假设你在澳门开了一家赌场，在开始的时候你印了两万个筹码，在这个赌场里只能用这种筹码来交易，玩家们都是用这种筹码玩各种项目并进行结算。由于这些筹码是特制的，你也承诺不再继续加印制作筹码。随着赌场服务的日益完善，各种赌具一应俱全，吸引了越来越多的人前来参赌，此时，有限的两万个筹码的价格水涨船高。到了后来人多筹码少，很多人根本玩不过瘾，满足不了大家的要求，但你又不能继续加印筹码。就算你开发更多新的项目，但由于筹码是固定的，所以能参与的人数也很难增加。

而且里面还有诸多复杂的问题，导致好生意难以升级扩容。有些人想到了新开一家赌场。但是由于新开的赌场投资回报周期长，而且成本又高，风险也大，还不一定就能保证收益，这些情况都成了让生意做大的障碍。

后来有人提出借用现有赌场名字，新开一家分赌场。这个想法一下子获得了大部分人的同意。

由于借用了现有赌场的设计，主要成本就是新的桌椅与场地等等。这种方式一下子节省了设计、管理等成本。另外，老赌场的赌徒用现有的筹码可以在新赌场领取一份等量的筹码，然后就可以在新赌场里玩。由于老赌场本身空间有限，新赌场在各方面都不错，很多老赌徒就到新赌场玩了起来。后来越玩越喜欢，但是筹码没有了或不够了，怎么办？这个时候就可以用钱向新赌场的管理人员买筹码。这样，新赌场的投资者、管理人员等都可以快速获益，大家都开心。

后期人气不断上来，就可以开更多这种形式的分店，吸引更多人进来玩。这种从老赌场分出一个新赌场的方式，就类似 IFO（首次分叉发行）。

这种分叉发行的方式是比特币等主流数字货币常用的一种手段。比特币是去中心化的系统逻辑，在区块链中，矿工与核心开发者遵循着同一套共识机制，当想升级时就需要所有人达成共识。如果双方没有达成共

比特币

识,其中有一方又不能妥协,就非常容易出现分叉的现象,形成新的币种。

可能会有人问:当比特币进行分叉了,那哪个才是真正的比特币?

其实,它们都可以称为比特币,只是它们不再属于同一种数字货币了。当比特币分叉后,产生的分叉币就相互独立了。不过,为了区分两者,在名字上是有所不同的,可以根据算力等方面来命名。比如,一个叫BitcoinCore的团队开发的被称为Bitcoin Segwit1X(BT1),另一个叫Bitcoin ABC的团队开发的被称为Bitcoin Cash（BCH），等等。如果BT1所拥有的算力远远超过其他分叉币，那么就将BT1直接称为比特币。目前比特币已经分叉出了BTC、BCH、BTG、BTD等数字货币，未来是否还会有更多分叉币呢？我们不得而知。

那么，IFO与IPO、ICO有什么区别呢？

ICO名为首次币发行，类似于股票里面的IPO，IPO支付的是人民币等法定货币。ICO融的不是人民币等法币，融的基本上都是比特币、以太币等数字货币，不代表任何股权和债权承诺。而IFO使用技术手段对比特币等主流数字货币进行分叉，而且按比例对应地把分叉币分配给比特币持有人。这些分叉币在交易流通中获得价值。所以，ICO和IFO在发行性质上有明显不同，这是主要的区别。但是ICO与IFO都是基于区块链技术，主要为区块链相关项目进行融资。

无论如何，从ICO到IFO，都颠覆了过去只以IPO方式进行融资的单一模式。虽然还存在着监管等诸多方面的问题，但是相信区块链时代的到来，将会让未来的商业社会更加公开透明化。

中心化交易所与分布式交易所

只要谈及 ICO 和 IFO,就有一个绕不开的话题,即交易所。

传统中心化的交易所,就是我们熟悉的各大证券交易所,为了提升效率、方便交易,投资者只能让渡一部分安全性。新兴的数字货币交易所,尽管是发行基于区块链技术的货币,但仍然无法摆脱中心化的命运。难怪有人说,去中心化的数字货币,依然在中心化的交易所上交易。

随着数字资产不断被主流大众所认可和接受,关于数字资产交易方面的问题也愈发凸显出来。数字资产的交易模式大体上可分为两种:成交单主导和报价单主导。前者俗称场内交易,指的是由交易所将买卖双方聚集在一起进行竞价交易的交易方式。后者俗称场外交易,指的是买卖方不通过第三方而直接成为交易对手的交易方式。

从业务视角来看,中心化交易所一般都提供了以下的业务模块:账户体系、KYC、充值资产、资产托管、撮合交易、资产清算、资产兑换等等。尽管业务模块多且杂,但中心化交易所在技术实现上具有传统成熟的解决方案,即使面对海量并发实时交易,依旧可以为用户提供很好的服务体验。另外，中心化交易所庞大的用户量和交易量，也带来了足够的交易深度，提供了充分的流动性。

现在市场上主流的场内交易所有 Bitfinex、Coinbase、Poloniex、Okcoin、Liqui、Lbank 等。不可否认的是，它们为区块链市场的资产代币化发展提供了充足流动性，为全球数字资产市场的发展作出了难以忽视的贡献。

这些交易所是中心化的，具有已成系统体系、处理交易速度快、成本低廉的优势。由于用户资产及相关数据由交易所托管，因此存在信息不对称问题，易受政策变动的影响，同时容易遭受黑客攻击。

比如臭名昭著的 Mt.Gox 黑客攻击事件、频频发生的 DDoS 攻击事件、Bitfinex 盗币事件等，这些事件一次次为人们敲响警钟。这些中心化的交易所不禁让人们开始思考究竟应该相信谁，这就自然而然地产生了一个问题：由中心化的交易所，支持去中心化的区块链资产交易是否合适？

其实，现在的数字货币交易所，与传统相比已经是去中心化的交易所了。目前遍布全球多个地区的数字交易所，就像是去中心化体系中的超级节点，交易指令和资产可以在区块链上执行、流转。现阶段的区块链技术和金融共识，更适合以区块链支撑的中心化交易所这种形态。但无论是去中心化交易所还是传统交易所都是软件，是软件就有漏洞，二者面临着同样的风险。去中心化交易所在发展的过程中，一定会经受与中心化交易所相同的考验。

由此，一种新型的交易所正应运而生，那就是分布式交易所。它将很好地弥补中心化交易所（传统交易所和当前的数字交易所）在安全性能上的劣势，并有效规避许多潜在的风险。

分布式交易所可以契合区块链的五大技术特征：分布式账本、去中心化信任、时间戳、非对称加密、智能合约。原有中心化交易所现有问题迎刃而解。

分布式交易所的出现让交易所的生态模式进入一个全新时代——人人都可以做交易所。传统中心交易所交易时，交易数据存储在中心服务器上，并由运营中心负责保护所有的数据隐私。而分布式交易所，用户交易数据都是流量方自己的，也就是说，其中任何一个分布式交易所或个人都可以作为一个节点，数据、用户都是该交易所自己的。

因为去中心化，所以区块链数据处理时间短，效率较高，几乎不会出现分叉和区块资产被盗的现象。大家进行交易时不仅比中心化交易少一道矿工费，而且链下撮合、挂单、取消都不再经过公链，大大减少了交易中的时间成本，每笔交易都能够达到中心化交易所的速度效率，并且不设置中心化钱包，比中心化交易所更安全。

分布式交易所未来的运营和维护将不会涉及中心的钱包和账户，比传统中心化的交易所更省力，所有的安全问题都可以最大限度避免，黑客找不到大额资产的钱包，也无法针对该钱包所在的服务器进行攻击，从物理层面做到安全，相信这是分布式交易所的未来趋势。将来也会用智能合约撮合异链之间的交易。但是，目前去中心化交易所存在的最大问题是没有自动撮合、交易品种少、速度慢、手续费高、用户体验不太好。

去中心化的分布式交易所究竟会不会成功取代中心化交易所，成为打开未来交易所之门的那把钥匙呢？让我们拭目以待。

第九章
区块链面临的挑战

神话和泡沫

区块链已经成为全中国炙手可热的名词，人们对它的关注超越了技术本身，然而许多人忽视对区块链应用的关注，却热衷于炒币、开发布会、上交易所……

比特币、ICO一夜暴富，让区块链变得"妖魔化"，很多人来不及区分比特币和区块链，各类产业都大谈与区块链的结合，区块链成了神乎其神的东西。就像20世纪90年代的互联网泡沫一样，新事物的出现总是会令人振奋，那个时期股价的飙升和买家炒作的结合，创造了一个巨大的温床，彼时的互联网概念像极了五光十色的珠宝，一下子迷住了很多人的眼，人们欢呼新模式要兴起，纷纷想成为首批致富的人，结果，股票大跌，互联网泡沫破裂。正如比尔·盖茨所说："所有的新

财富泡沫

技术，其短期影响力都会被高估，而长期影响力都会被低估。"

在区块链妖魔化的路上，联想推出了第一款区块链手机；更有甚者，在区块链峰会上，有人喊出了用区块链统一意识形态的话语。区块链的PPT融资引发了资本蜂拥而入，很多项目仅靠白皮书就能募得大把资金。

比特币一夜暴富，带来了非理性繁荣，人性的贪婪让区块链这样一种新技术成为妖魔化的代名词。人人都在慷慨激昂地定义这个时代。尼古拉斯·卡尔在《数字乌托邦》一书中说道，"人们对此已经有许多称呼：数字时代、信息时代、互联网时代、计算机时代、连接时代、谷歌时代、表情时代、云时代、智能手机时代、数据时代、Facebook时代、机器人时代、新人类时代。

我们给它起的名字越多,这看起来就越像一场空想。"

当比特币上涨时,它被人追捧;当遭遇大跌时,连同区块链,都被认为是一场骗局。更有投机取巧之人,直接集资诈骗。

2018年4月西安警方破获的"大唐币"网络传销大案中,犯罪团伙公然在国内外众多城市召开推介会,并设置28级分管代理,短短18天竟发展注册会员达上万人。1个月后深圳警方破获的"普银币"集资诈骗大案,犯罪团伙将所谓"普银币"的单价由0.5元炒至10元,当大量投资人跟风进场后他们就不断套现。骗术虽简

西安警方破获"大唐币"网络传销大案

单,涉案金额却超过3亿元。

在妖魔化与神化的过程中,人们往往容易忽略区块链技术本身。区块链的发展还处于早期阶段,相当于互联网拨号上网的时代。但区块链技术将成为数字化社会的信任基石,区块链的核心是用技术创造多方信任机制,解决数据、物品、资产和人的可信问题,从而促进个人和社会的高效协作。

区块链技术需要正名,中国商业社会也急需一场思维方式的迭代。从传统商业到互联网再到区块链,一种新的思维方式正在形成。互联网已经形成巨头垄断的格局,独角兽的出现尽管在弱化这一趋势,但更大的突破在于区块链思维。

区块链思维的普及,将对改造商业模式起到关键作用。纯粹的技术创新和黑科技只会将技术的归技术,而区块链思维就是将区块链与实体产业相结合,凸显区块链技术的商业价值。区块链思维将会掀起一场新的革命,就像之前互联网思维一样,将使创业者找到破解商业困局的新方式。

中心化还是去中心化

区块链技术的最大争议在于去中心化,这也是各国政府对其监管和发展态度极为审慎的原因。传统社会组织和国家治理都是典型的中心化形式，人类能真正实现完全去中心化吗？

区块链能否真正去中心化，取决于它是否真的安全，信息记录是否不可篡改。如前述章节所说，区块链有个51%攻击的说法，理论上认为只有掌握区块链节点51%的算力，才能控制整个区块链，这一度被认为几乎不可能，直到前一段最大比特币矿池Ghash.io的算力接近50%，让大家都提心吊胆起来。

2013年4月，比特币同样遭遇过一次51%攻击的担忧，矿池BTCGuild的计算力份额一度接近全网一半，引发了社区对51%攻击的担忧。为此，BTCGuild的管

信息安全机制

理员 Eleuthria 主动限制了计算力的增长，规定如果矿池计算力超过了 45%，将移除所有基于 getwork 的服务器，并关闭新注册用户，直到计算力回到 40% 以下。而最新接近 50% 算力的 Ghash.io 已向社区发表公开信，承诺将不会发动 51% 攻击。Ghash.io 已采取措施停止接收新矿工，降低运算能力增长速度。目前，矿池计算力份额已跌落到 40% 以下。

除了 51% 攻击担忧频发，去中心化的智能合约也并非人们想象的万能。智能合约相当于自动执行代码的信用中介，可以根据提前预设的条件进行交易，但智能合约也会受限。以购物为例，智能合约不能直接鉴定货品的真伪，当交易完毕，买到假货的可能性还是会存在。当这一切发生时，消费者仍然需要向仲裁机构提出申诉，而且商品的配送也需要中心化的物流网络进行支持。在商业运作中，你的公司价值几何，是否具备上市资格，公司内部员工管理等，这些都不是去中心化能完全解决的。

以太坊的发明人 V 神，也在科技博客 Medium 发表文章，解释了在区块链领域备受关注的去中心化问题。V 神认为，去中心化目前的定义是非常模糊而失败的。V 神把去中心化分为三个层面来考虑：架构层面，政治/决策层面和逻辑层面。他认为区块链在架构和决策层面是去中心化的,但在逻辑层面是中心化的,也就是说,不是所有的去中心化。

有时候,中心化和去中心化需要相互结合。比如互联网专车服务,如果完全去中心化,短时间内针对司机的恶性行为,哪个平台或者责任方负责提前预防、及时发现呢?希望用去中心化替代信任,显然还要很长一段制度的演变过程。

三角平衡:利益、效率与安全

人类社会取得如今的文明,最大的特点就是传承和创新,这其中就包括对制度的完善和继承。对旧有制度的依赖,在无形中会成为新技术普及的障碍。在经济学上有一个专属名词"路径依赖",是指人们一旦选择了某个体制,由于规模经济、学习效应、协调效应以及适应性预期、既得利益约束等因素的存在,会导致该体制沿着既定的方向不断得以自我强化。一旦人们做了某种选择,就好比走上了一条不归之路,惯性的力量会使这一选择不断自我强化,并让你轻易走不出去。

制度依赖性和区块链颠覆性会产生激烈的矛盾与冲突,区块链注定要在旧世界中东奔西突,区块链需要平衡利益、效率和安全三大因素之间的关系。区块

数字货币

链构建的去中心化的世界,要符合大多数人的利益,而且也势必面临既得利益的阻碍;分布式商业的存在,能否达到或超越已有商业的效率至今还是问题,区块链的算力也亟待大幅提升;效率和安全,往往是矛盾体,比如银行转账,如何保证资金安全,又能达到流通的效率,是中心化社会都没能彻底解决的问题。

2016年12月1日开始,中国央行账户管理新规正式实施,这次新规变动比较大的就是银行转账环节:从1日开始,在自动柜员机即ATM机上办理的转账业务24小时之后资金才会到账,如果客户发现这笔转账有问题,可以在转账之后24小时之内进行撤销。在银行网点和网上银行转账，则可以选择实时到账、正常到账或者是次日到账。对此，银行方面解释，这次央行出台新政，主要就是防范电信诈骗、保障市民资金安全。

区块链的算力，还处于婴儿期。2015年双十一的时候，支付宝支撑起了8.59万笔/秒的交易峰值，这一数值让支付宝超越Visa，成为全球处理能力最强的支付平台。统计显示，比特币要确认数据，现在最少得30分钟，以太坊也需要几分钟；比特币一秒钟仅可确认6.6笔交易（比特币的扩容仍然争论不休），而以太坊大概是10—20笔。两相对比，简直一个天上一个地下。

2018年6月27日，区块链安全报告《"区块链+"产业快速发展下的安全问题》发布。报告对区块链产业面临的安全问题进行了深度解读。报告指出，从技术安全的角度，区块链面临着算法安全性、协议安全性、使用安全性、实现安全性和系统安全性的风险与挑战。

（1）算法安全性：目前区块链的算法主要是公钥算法和哈希算法，相对比较安全。但是随着数学、密码学和计算技术的发展，以及量子计算的发展和商业化，目前的加密算法存在被破解的可能性，这也是区块链技术面临的潜在安全威胁之一。

（2）协议安全性：基于PoW共识过程的区块链主要面临的是51%攻击问题，即节点通过掌握超过全网 51% 的算力就有能力成功篡改和伪造区块链数据。区块链应用前景广阔，不排除攻击者为了达到某种目的而不惜成本地实施这样的攻击。

（3）使用安全性：主要是指私钥的安全性。区块链技术一大特点就是不可逆、不可伪造，但前提是私钥是安全的。目前针对密钥的攻击层出不穷，一旦用户使用不当，造成私钥丢失，就会给区块链系统带来危险。

（4）实现安全性：由于区块链大量应用了各种密码学技术，属于算法高度密集工程，在实现上比较容易出现问题。比如 NSA 对 RSA 算法实现埋入缺陷，使其能够轻松破解别人的加密信息。

（5）系统安全性：在区块链的编码以及运行的系统中，不可避免会存在很多的安全漏洞，黑客通过利用上述安全漏洞，展开攻击，这会对区块链的应用和推广带来极大的不利影响。

中国科技媒体 Bianews 总结了报告中披露的多件区块链安全攻击事件，攻击事件带来的经济损失主要集中于智能合约、共识机制、交易平台、用户自身、矿工、共识机制等方面。2011—2018 年至今，智能合约层面发生的安全事件累计损失为 14.09 亿美元，占比 42.04%；交易平台安全事件损失 13.45 亿美元，占比 40.15%；普通用户安全事件损失 4.37 亿美元，占比

13.03%。

全球监管与政策法规

自从比特币和区块链诞生以来,监管一直是热门话题。各国政府对待数字货币和虚拟资产的态度往往影响着数字货币行情和区块链的投融资进展。

全球监管和政策制定者,都面临前所未有的挑战。区块链解决价值传输的背后,涉及互联网、物联网、金融安全、货币安全等多个方面。特别是2008年金融危机后,全球都在加大对金融的监管,特别是中国,提出要防范系统性风险。

监管,一方面要清理整顿市场,避免劣币驱逐良币,让空气币项目无处遁形;一方面要形成合理引导,保障新技术的应用和改造。某种程度上,监管的容忍度和社会的创新度息息相关。公开报道显示,中国被认为是对数字货币监管最严的国家;日本则被认为是对数字货币监管最宽松的国家,很多商家甚至直接接受比特币支付;美国的数字货币监管政策严格程度被认为介于中国和日本之间;韩国则政策不稳定,宽严之间变化较为剧烈。接下来,我们看一下全球各国或地区对区块链都

纽约证券交易所

有哪些最新的监管和政策。

（1）美国

作为享有全球铸币权好处的美元的发行国，美国不会允许数字货币冲击美元主导地位，这是条"红线"。美国正尝试将数字货币分为资产型代币（Equity Token）、证券型代币（Security Token）、应用型代币（Utility Token）三类。在实际操作中，这三类代币的边界其实较为模糊，具有一定的可转换性，尤其是前二者之间更加难以界定。

从目前美国的监管政策来看，已明确要求资产型代币、证券型代币必须注册登记，接受美国证券法等法律以及美国证交会（SEC）等机构的监管，鼓励相关企业在监管规则之内合法发展。在相关衍生品及投资上，美国监管方也一直持十分谨慎的态度。美国证交会和美国商品期货交易委员会（CFTC）多次公开警示比特币等数字货币投资风险，其中美国证交会多次驳回一些机构设立数字加密货币交易所交易基金（ETF）的申请，并列举了估值、流动性不足、不符合 ETF 基金托管的相关规定、套利、潜在市场操控和欺诈等五大风险。

（2）中国

2017 年 9 月 4 日，中国人民银行、中央网信办、工业和信息化部、工商总局、银监会、证监会、保监会等七部委发布了《关于防范代币发行融资风险的公告》。

公告指出，ICO"本质上是一种未经批准非法公开融资的行为，涉嫌非法发售代币票券、非法发行证券以及非法集资、金融诈骗、传销等违法犯罪活动"，并要求即日起停止各类代币发行融资活动，已完成代币发行融资的组织和个人应当做出清退等安排。

2018 年 1 月，央行营业管理部下发《关于开展为非法虚拟货币交易提供支付服务自查整改工作的通知》，要求辖内各法人支付机构自文件发布之日起在本单位及分支机构开展自查整改工作，严禁为虚拟货币交易提供服务，并采取有效措施防止支付通道用于虚拟货币交易。通知还要求，各单位应加强日常交易监测，对于发现的虚拟货币交易，应及时关闭有关交易主体的支付通道，并妥善处理待结算资金，避免出现群体性事件。

2018年8月21日晚，一批涉及ICO的微信公众号突然被责令屏蔽所有内容并停止使用；22日，北京市朝阳区金融社会风险防控工作领导小组办公室发布通知，要求各商场、酒店、宾馆、写字楼等不得承办任何形式的虚拟货币推介宣讲等活动。中国对ICO的监管再次加强。

（3）日本

2016年5月25日，日本国会通过了《资金结算法》修正案（已于2017年4月1日正式实施），正式承认虚拟货币为合法支付手段并将其纳入法律规制体系之内，从而成为第一个为虚拟货币交易所提供法律保障的国家。

日本现任财务大臣麻生太郎曾公开表示并不主张一定要对ICO予以监管。对于日本发生的Coincheck交易平台遭窃事件，麻生太郎也强调要注重创新与用户保护两者的平衡，而并未否认虚拟货币这一金融创新的积极意义。可见，在今后一段时期内，日本对虚拟货币及其交易乃至ICO仍将采取较为开放的态度。

（4）英国

英国金融监管机构敦促银行的首席执行官们采取有效措施，降低滥用加密货币导致的金融犯罪风险。英国金融市场行为监管局(FCA)特别敦促金融机构加强对"从与加密相关的活动中获得重要业务或收入"客户的审查。这些客户包括加密货币交易所、被视为交易加密货币的个人客户，以及启动或参与发行代币的公司。

FCA将加密货币归类为"加密资产"，并表示，由于它们的匿名性可能会导致金融犯罪，因此可能会被"滥用"。

FCA建议的措施包括"对客户业务中的关键人物进行尽职调查"，并与这些客户接触，以"了解他们的秘密业务的性质及其构成的风险"。

该监管机构还呼吁银行通过培训员工，增加自己在加密货币方面的专业知识，以便"识别那些构成金融犯罪高风险的客户或活动"。

（5）法国

2018年3月法国银行建议禁止保险公司、银行和信托公司"参与加密货币业务"。法国银行主张禁止向公众推销"加密资产"等储蓄产品。

法国银行发布的报告中，对区块链技术提出了严格的概述和规定，并表明加密货币不是法定货币，不构成金钱所具备的要素。同时，报告驳斥了"加密货币大幅上涨"的过程，称后者类似于1634年到1637年荷兰"郁金香狂热"时期的"投机泡沫"。

该报告还对投资者保护和"加密风险"表示担忧，并警告说，加密行业的"繁荣活动"可能会破坏金融市场的稳定。

（6）俄罗斯

俄罗斯计划在2019年颁布"实施去中心化登记和合法证书中技术应用管理的监管法案"，以明确对区块链技术的监管。目前，俄罗斯境内的区块链已形成了包括行业监管，媒体论坛、区块链基金、电子钱包、ICO平台、交易所、行情工具、挖矿机构等一系列的区块链业态。

为了更好地促进区块链技术的发展，在市场推动下，俄罗斯多所顶尖高校都增开了有关密码学和区块链技术的新课程。据悉，目前莫斯科国立大学、俄罗斯国立高等经济大学、圣彼得堡国立经济大学、莫斯科物理和技术学院、国家科技大学（MISIS）等众多高校都开设了区块链技术相关课程，以满足俄罗斯对区块链技术人才的需求。

（7）印度

印度对区块链抱有很大的兴趣。2018年2月19日，印度总理纳伦德拉·莫迪在世界信息技术大会上说,"像区块链和物联网这样的颠覆性技术,将会对我们的生活和工作方式产生深远的影响。它们需要对工作场所的快速适应"。

印度央行的研究机构还指出,区块链技术已经"足够成熟",成为支持印度法定货币——卢比的数字化的核心驱动力。该研究部门开发了一个新的区块链平台,以及用于印度金融行业的多个应用;印度最大的银行在2017年下半年引入区块链技术;印度证券监管机构SEBI为探索区块链对金融市场的影响,成立了专门委员会;印度的安得拉邦,在土地注册处和公民数据存储区领域,已经在开发区块链应用程序。

公认对区块链友好的国家:

新加坡

新加坡被认为是世界上对加密货币最友好的国家之一。新加坡中央银行对区块链技术进行了试验,并宣布开展相关项目"Project Ubin",这是其与银行和科技公司联盟合作的一个项目,旨在探索区块链在支付、证券清算与结算中的用途。该项目的最终目标是把新加坡元放到区块链上。这一举措有助于强化新加坡作为领先金融中心和创新者探索突破性技术的形象。

爱沙尼亚

爱沙尼亚对加密货币一直保持着积极的态度，有传言称爱沙尼亚官方将会发行自己的虚拟货币 Estcoin，虽然久久未见行动，但爱沙尼亚对区块链人才的吸引力倒是不容小觑的。

2014 年，爱沙尼亚启动了电子居留计划，创业者只要花上 100 欧元就可以在爱沙尼亚居留 3 年，而且只要在当地注册和登记就能在欧盟地区开展业务。

委内瑞拉

2018 年 1 月 5 日，委内瑞拉总统马杜罗宣布将要通过委内瑞拉虚拟币交易所发行首批 1 亿个"石油币"，每个"石油币"用 1 桶原油作为实物抵押。按相关油价计算，一个"石油币"约合 52 美元。

"石油币"是目前世界上唯一由政府发行的用自然资源作实物抵押的加密数字货币。

结　语

在我刚接触区块链的时候，这个名词在中国还没有形成如今这么大的风潮。进入 2018 年，比特币和区块链突然进入一种急速生长的阶段。

很多人是因为比特币等虚拟货币的财富效应开始关注币圈和链圈的发展，正如文章中所述的比特币和区块链正在被妖魔化和神化。很多项目是典型的白皮书主义，顾左右而言他，都是投机的行为。区块链之于这个时代最大的价值其实在于区块链+，如何与实体经济、互联网经济进行有效的结合，如何将区块链这个理解门槛较高的技术进行普及，如何趣味解读区块链的应用，这是我写完畅销书《互联网下半场》后，思考的又一个问题。在互联网突飞猛进的时代，下一代互联网是什么？中国在全球化进程中，区块链无疑是后发超车的又一次历史机遇。

改变是永恒的主题,只看到过去或者现在的人,肯定会失去未来。区块链技术和人工智能、基因编辑一样,是未来改变世界的新技术。"你必须了解游戏规则,这样你才能比其他人玩得更好",希望这本书可以让你更加了解区块链,更快进入区块链的财富世界。

附录　区块链名词解释

1. Blockchain——区块链

区块链是分布式数据存储、点对点传输、共识机制、加密算法等计算机技术的新型应用模式,是一个共享的分布式账本,其中的交易通过附加块永久记录。

2. Block——区块

在比特币网络中,数据会以文件的形式被永久记录,我们称这些文件为区块。一个区块是一些或所有最新比特币交易的记录集,且未被其他先前的区块记录。

3. 区块头

区块头里面存储着区块的头信息,包含上一个区块的哈希值(PreHash)、本区块体的哈希值(Hash),以及时间戳(TimeStamp)等等。

4. 中本聪

自称日裔美国人,日本媒体常译为中本哲史,此人是比特币协议及其相关软件 Bitcoin-Qt 的创造者,但真实身份未知。

5. 加密货币

加密货币是数字货币（或称虚拟货币）的一种，是一种使用密码学原理来确保交易安全及控制交易单位创造的交易媒介。

6. Node——节点

由区块链网络的参与者操作的分类账的副本。

7. Oracle

Oracle 向智能合约提供数据，是现实世界和区块链之间的桥梁。

8. 去中心化

去中心化是一种现象或结构，必须在拥有众多节点的系统中或在拥有众多个体的群中才能出现或存在。节点与节点之间的影响，会通过网络而形成非线性因果关系。

9. 共识机制

共识机制是通过特殊节点的投票，在很短的时间内完成对交易的验证和确认；对一笔交易，如果利益不相干的若干个节点能够达成共识，我们就可以认为全网对此也能够达成共识。

10. PoW——工作量证明

Proof of Work，是指获得多少货币，取决于你"挖矿"贡献的工作量,电脑性能越好,分给你的矿就会越多。

11. PoS——权益证明

Proof of Stake,根据你持有货币的量和时间进行利息分配的制度。在 PoS 模式下,你的"挖矿"收益正比于你的币龄,而与电脑的计算性能无关。

12. 智能合约

智能合约是一种旨在以信息化方式传播、验证或执行合同的计算机协议。智能合约允许在没有第三方的情况下进行可信交易,这些交易可追踪且不可逆转。

13. 时间戳

时间戳是指字符串或编码信息用于辨识记录下来的时间日期。国际标准为 ISO 8601。

14. 图灵完备

图灵完备是指机器执行任何其他可编程计算机能够执行计算的能力。一个例子是 Ethereum 虚拟机(EVM)。

15. 51% 攻击

当一个单一个体或者一个组超过一半的计算能力时,这个个体或组就可以控制整个加密货币网络,如果他们有一些恶意的想法,他们就有可能发出一些冲突的交易来损坏整个网络。

16.Dapp——去中心化应用

是一种开源的应用程序,自动运行,将其数据存储在区块链上,以密码令牌的形式激励,并以显示有价值证明的协议进行操作。

17.DAO——去中心化自治组织

可以认为是在没有任何人为干预的情况下运行的公司,并将一切形式的控制交给一套不可破坏的业务规则。

18.Distributed Ledger——分布式账本

数据通过分布式节点网络进行存储。分布式账本不是必须具有自己的货币,它可能会被许可和私有。

19.Distributed Network——分布式网络

处理能力和数据分布在节点上而不是拥有集中式数据中心的一种网络。

20. 预言机

预言机是一种可信任的实体,它通过签名引入关于外部世界状态的信息,从而允许确定的智能合约对不确定的外部世界作出反应。预言机具有不可篡改、服务稳定、可审计等特点,并具有经济激励机制以保证运行的动力。

21. 零知识证明

零知识证明由 S.Goldwasser、S.Micali 及 C.Rackoff 在 20 世纪 80 年代初提出的。它指的是证明者能够在不向验证者提供任何有用的信息的情况下，使验证者相信某个论断是正确的。

22. Private Key——私钥

私钥是一串数据，它是允许您访问特定钱包中的令牌。它们作为密码，除了地址的所有者之外，都被隐藏。

23. Public Key——公钥

是和私钥成对出现的，公钥可以算出币的地址，因此可以作为拥有这个币地址的凭证。

24. AES——高级加密标准

密码学中的高级加密标准 (Advanced Encryption Standard，AES)，又称 Rijndael 加密法，是美国联邦政府采用的一种区块加密标准。

25. Wallet——钱包

一个包含私钥的文件。它通常包含一个软件客户端，允许访问查看和创建钱包所设计的特定块链的交易。

26. 冷钱包

通俗来说，冷钱包就是将数字货币进行离线储存的钱包，玩家在一个离线的钱包上面生成数字货币地址和私钥，再将其保存起来。而冷钱包可在不需要任何网络的情况下进行数字货币的储存，因此黑客是无法进入钱包获得私钥的。

27.SPV——轻钱包

轻钱包依赖比特币网络上其他全节点，仅同步与自己相关的数据，基本可以实现去中心化。

28. 全节点

全节点是拥有完整区块链账本的节点，全节点需要占用内存，同步所有的区块链数据，能够独立校验区块链上的所有交易并实时更新数据，主要负责区块链的交易的广播和验证。

29.Byzantine failures——拜占庭将军问题

拜占庭将军问题是由莱斯利·兰伯特提出的点对点通信中的基本问题。含义是在存在消息丢失的不可靠信道上试图通过消息传递的方式达到一致性是不可能的。因此对一致性的研究一般假设信道是可靠的，或不存在问题。

30. 超级账本

超级账本（hyperledger）是 Linux 基金会于 2015 年发起的推进区块链数字技术和交易验证的开源项目。通过创建通用的分布式账本技术，协助组织扩展、建立行业专属应用程序、平台和硬件系统来支持成员各自的交易业务。

31. 闪电网络

闪电网络的目的是实现安全地进行链下交易,其本质上是使用了哈希时间锁定智能合约来安全地进行0确认交易的一种机制。通过设置巧妙的"智能合约",保证用户在闪电网络上进行未确认的交易的安全。

32. P2P——对等网络

即对等计算机网络,是一种在对等者(Peer)之间分配任务和工作负载的分布式应用架构,是对等计算模型在应用层形成的一种组网或网络形式。

33. Mining——挖矿

挖矿是获取比特币的勘探方式的昵称。利用电脑硬件计算出币的位置并获取的过程称为挖矿。

34. 矿工

尝试创建区块并将其添加到区块链上的计算设备或者软件。在一个区块链网络中,当一个新的有效区块被创建时,系统一般会自动给予区块创建者(矿工)一定数量的代币,作为奖励。

35. 矿池

是一个全自动的挖矿平台,使得矿工们能够贡献各自的算力一起挖矿以创建区块,获得区块奖励,并根据算力贡献比例分配利润（即矿机接入矿池—提供算力—获得收益）。

36. 公有链

完全开放的区块链，是任何人都可读取的，任何人都能发送交易且交易能获得有效确认，全世界的人都可以参与系统维护工作，任何人都可以通过交易或挖矿读取和写入数据。

37. 私有链

写入权限仅面向某个组织或者特定少数对象的区块链。读取权限可以对外开放，或者进行任意程度地限制。

38. 联盟链

共识机制由指定的若干机构共同控制的区块链。

39. 主链

主链一词源于主网（mainnet，相对于测试网 testnet），即正式上线的、独立的区块链网络。

40. 侧链

楔入式侧链技术（Pegged Sidechains），将实现比特币和其他数字资产在多个区块链间的转移，这就意味着用户们在使用他们已有资产的情况下，就可以访问新的加密货币系统。

41. 跨链技术

跨链技术可以理解为连接各区块链的桥梁，其主要应用是实现各区块链之间的原子交易、资产转换、区块链内部信息互通，或解决 Oracle 的问题等。

42. 硬分叉

区块链发生永久性分歧，在新共识规则发布后，部分没有升级的节点无法验证已经升级的节点生产的区块，通常硬分叉就会发生。

43. 软分叉

当新共识规则发布后，没有升级的节点会因为在不知道新共识规则的情况下，而生产不合法的区块，就会产生临时性分叉，也叫软分叉。

44. Hash——哈希值

一般翻译做"散列"，也有直接音译为"哈希"的。简单地说就是一种将任意长度的消息压缩到某一固定长度的消息摘要的函数。

45. 哈希率

假设挖矿是解一道方程题，而且只有把每个整数代入才能算出来，那么哈希率就是每秒处理数据的速度。

46. hashtree——哈希树

哈希树是一种树形数据结构，每个叶节点均以数据块的哈希作为标签，而非叶节点则以其子节点标签的加密哈希作为标签。

47.SHA-256

SHA-256 是比特币一系列数字货币使用的加密算法。然而，它使用了大量的计算能力和处理时间，迫使矿工组建采矿池以获取收益。

48.KYC

KYC 是 Know Your Customer 的缩写，意思是了解你的客户，在国际《反洗钱法》条例中，要求各组织对自己的客户作出全面的了解，以预测和发现商业行为中的不合理之处和潜在违法行为。

图书在版编目（CIP）数据

区块链财富革命 / 李光斗著. —长沙：湖南教育出版社，2018.11
　　ISBN 978-7-5539-6472-0

　　I. ①区… Ⅱ. ①李… Ⅲ. ①电子商务—支付方式—研究 ②电子货币—研究 Ⅳ. ①F713.361.3 ②F830.46

中国版本图书馆CIP数据核字（2018）第263691号

区块链财富革命
QUKUAILIAN CAIFU GEMING

李光斗　著	
责任编辑：	董静静　钟劲松　彭倩婷　王雯雯
出版发行：	湖南教育出版社（长沙市韶山北路443号）
网　　址：	www.bakclass.com
微 信 号：	贝壳网教育平台
电子邮箱：	hnjycbs@sina.com
客服电话：	0731-85486979
经　　销：	湖南省新华书店
印　　刷：	湖南天闻新华印务有限公司
开　　本：	889 mm×1194 mm　32开
印　　张：	9.5　　插4页
字　　数：	300 000
版　　次：	2018年11月第1版　2019年11月第2次印刷
书　　号：	ISBN 978-7-5539-6472-0
定　　价：	59.00元

本书若有印刷、装订错误，可向承印厂调换

李光斗 | 李光斗品牌营销机构
www.liguangdou.com

中国品牌第一人
中央电视台品牌顾问
中国电子商务协会互联网金融委员会首席顾问

推动中国品牌快速成长

我们能为你做什么?

战略神圣化、品牌故事化、产品神秘化、营销组织化、传播社会化、企业家IP化；
从股改到链改，从上市到上链，用互联网思维、区块链思维改造企业；
综合运用品牌、营销、资本等力量孵化企业上市；
推动中国品牌快速成长、基业长青、走向国际。

快速提升企业**品牌价值**和**营销业绩**

全网营销：移动电商、三微一抖、网红传播、电商平台……为企业全面导入互联网思维，制定更具灵活性与互动性的全网整合营销系统解决方案。
产品差异化：为产品寻找卖点，引爆市场，创造流行。
品牌差异化：为品牌制定发展战略，让品牌快速成长，一夜成名；为企业导入全员品牌管理，打造企业家个人品牌，实现品牌提升；让品牌与时俱进、焕然一新。
营销差异化：让企业实现跳跃式增长，为企业制定具有独特竞争优势的营销策略。
传播差异化：让广告有创意和销售力，省下本要浪费的那一半广告费；让100万广告费看起来像1个亿。
建立你的市场竞争优势：为企业提供超越对手、扩大市场的竞争策略。
为你的企业建立清晰独特的盈利模式：启迪新的商业机会，为企业打造具有竞争优势的盈利模式。
用区块链提升品牌价值：运用区块链思维、落地区块链应用，为企业注入全新的商业模式；推动企业上链，通过链改提升产业集群效应，实现市场营销和品牌价值双重提升。

扫码加入"李光斗商学院"　　李光斗现象公众微信

网址：www.liguangdou.com
电话：010-84871518　84871239
传真：010-84871018
电子邮件：wondersee@vip.sina.com

李光斗品牌营销机构
Wondersee—Li Guangdou Brand Marketing Institute

与中国企业共同创造的品牌营销奇迹

下一个奇迹
就是你的品牌

李光斗在人民大会堂发表关于国际品牌竞争力的主题演讲 | 李光斗与蒙牛乳业创始人牛根生在清华大学解析蒙牛快速成长的奥秘，展望蒙牛品牌建设大计 | 李光斗在中美企业峰会上发表主题演讲 | 李光斗与菲利普·科特勒探讨品牌与营销战略 | 李光斗在世界众筹大会上发表主题演讲

华盛智业成功服务品牌辉煌榜(部分)	华盛智业服务项目

         　●市场调研　　●整合营销传播　　●品牌战略规划

       　●营销策划　　●影视广告摄制　　●品牌营销培训

      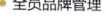　●全员品牌管理　　●新产品上市策划　　●品牌视觉精致化

    　●公关与事件营销策划　　●核心竞争策略规划　　●商业模式设计与规划

李光斗

>>>> <<<<

中央电视台品牌顾问
中国品牌第一人
中国电子商务协会互联网金融委员会首席顾问

李光斗商学院：

区块链财富课

未来世界的掘金机会 分布式商业思维与应用

实战MBA品牌课

破解商战背后的潜规则

李光斗
邀您一起
在线学习

扫码加入
李光斗区块链财富课

扫码加入
李光斗实战MBA品牌课

★ 鸣 谢 ★

　　从股改到链改,从上市到上链,区块链是新一代价值互联网,从赋能到赋权,正掀起一场新财富革命。

　　区块链分布式商业思维与应用的价值越来越凸显,这预示着新发展趋势的到来。不论是个人还是企业,都应该与时俱进,顺应变化,抓住趋势中的机会,实现新的财富人生。

　　特别感谢国内外各位大咖朋友对《区块链财富革命》的共识与支持,共襄本书的出版盛事。

　　让我们一起颠覆传统游戏规则,把握新一代互联网财富转轨的历史机遇。

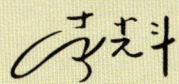

本书联合发起人

马泰奥·伦齐（Matteo Renzi）　意大利第65届政府总理

史蒂夫·霍夫曼（Steve Hoffman）　美国硅谷创业教父、Founder Space创始人

徐金辉　华夏大通科技集团董事长

徐远重　全球人工智能区块链30人论坛发起人

陈柏晖　亚洲区块链产业研究院院长

颜义东　新加坡BCB科技有限公司总裁

季小武　秒啊CEO、M.I.T高级顾问

夏红灿　中非企业家投资协会会长

李　强　最幕影视文化传媒有限公司董事长

贺玉峰　恒天创投资产管理有限公司董事长

王章耀　合肥皖宝集团董事长

张玉章　东方会投资管理有限公司总裁

邢益晟　星光比特市场总监